国家社会科学基金青年项目
河南省高校科技创新人才支持计划

对外直接投资的偏向性技术进步效应对制造业绿色价值链攀升的影响研究

韩亚峰 著

中国财经出版传媒集团
中国财政经济出版社

图书在版编目（CIP）数据

对外直接投资的偏向性技术进步效应对制造业绿色价值链攀升的影响研究／韩亚峰著 . — 北京：中国财政经济出版社，2023.6

国家社会科学基金青年项目
ISBN 978－7－5223－1928－5

Ⅰ.①对… Ⅱ.①韩… Ⅲ.①对外投资－直接投资－影响－制造工业－绿色经济－经济发展－研究－中国 Ⅳ.①F426.4

中国国家版本馆 CIP 数据核字（2023）第 014937 号

责任编辑：彭　波　　　　责任印制：史大鹏
封面设计：卜建辰　　　　责任校对：徐艳丽

中国财政经济出版社 出版

URL：http://www.cfeph.cn
E－mail：cfeph@cfeph.cn

（版权所有　翻印必究）

社址：北京市海淀区阜成路甲 28 号　邮政编码：100142
营销中心电话：010－88191522
天猫网店：中国财政经济出版社旗舰店
网址：https://zgczjjcbs.tmall.com
北京财经印刷厂印刷　各地新华书店经销
成品尺寸：170mm×240mm　16 开　10 印张　130 000 字
2023 年 6 月第 1 版　2023 年 6 月北京第 1 次印刷
定价：68.00 元
ISBN 978－7－5223－1928－5
（图书出现印装问题，本社负责调换，电话：010－88190548）
本社质量投诉电话：010－88190744
打击盗版举报热线：010－88191661　QQ：2242791300

前　　言

制造业是国民经济的支柱产业，是驱动一国经济增长的强引擎，也是一国竞争力的重要载体。近年来，我国制造业发展取得了举世瞩目的成就，"世界工厂"享誉全球市场。然而制造业长期以来依赖要素驱动的高投入、高消耗、高排放的粗放型发展模式，造成了资源的过度消耗以及生态环境的污染和破坏，这既不利于制造业的可持续发展，也与生态文明建设要求背道而驰。为突破发展困局，优化发展模式，推动制造业绿色转型，我国不断制定、调整并优化顶层设计，为制造业绿色发展提供政策支撑。党的十九大报告全面阐述了加快生态文明体制改革、建设美丽中国的战略部署，强调加快推进绿色发展；"十四五"规划和2035年远景目标纲要指出，必须贯彻落实创新、协调、绿色、开放、共享的新发展理念，实施可持续发展战略，推动经济社会发展全面绿色转型。制造业作为立国之本，转变发展方式、培育发展动能、实现绿色转型发展已成为当前亟待解决的重要问题。与此同时，境外疫情蔓延、贸易保护主义抬头、发达国家中高端制造业回流的"再工业化"战略等，加速全球制造业供应链、产业链重构，使我国制造业面临的外部环境复杂性与不确定性进一步增加。在此背景下，如何主动融入全球科技创新网络，积极参与全球治理，坚定不移推进更高水平对外开放？鼓励引导对外直接投资（以下简称 OFDI）发展，充分发挥 OFDI 的全球资源优化配置作用与逆向技术溢出效应，推动我国制造业绿色价值链分工地位攀升是当前亟待解决的重要现实问题。

基于国际环境变化与国内绿色发展诉求，本书借鉴现有研究成果，按照"OFDI—偏向性技术进步—制造业绿色价值链分工地位"的分析框架，通过构建可计算一般均衡模型（CGE 模型），设定 OFDI 政策与能源环境税政策等差异化模拟政策情景，模拟分析了不同政策情景对我国制造业产出、污染治理成本以及绿色价值链分工地位产生的影响。首先，本书在中国投入产出表的基础上，对表中行业进行拆分与合并，编制了 22 部门社会核算矩阵（SAM 表）和 CGE 模型的基础数据集。其次，构建了 CGE 模型的基本模块，将 OFDI、偏向性技术进步、制造业绿色价值链统一纳入 CGE 模型，在标准 CGE 模型基础上，加入 OFDI 的偏向性技术进步效应模块与制造业绿色价值链模块。其中，在 OFDI 的偏向性技术进步效应模块，采用我国制造业行业层面的数据通过计量方法实证考察了 OFDI 对制造业技术进步偏向性的影响，在制造业绿色价值链模块，构建了行业层面的绿色出口技术复杂度作为制造业绿色价值链分工地位的衡量指标。最后，基于本书构建的 CGE 模型定量模拟分析了 OFDI 政策冲击、OFDI 政策与能源环境税组合政策叠加冲击对我国制造业产出水平、污染物减排与绿色价值链分工地位的短期效应与长期效应。研究发现：（1）从短期影响来看，在单一政策冲击下，扩大 OFDI 规模能够显著减少部门污染治理成本，有

前　言

效促进制造业绿色出口技术复杂度的提升，但对制造业产出增长促进作用有限；在组合政策冲击下，扩大 OFDI 规模的同时对煤炭、石油、天然气等生产部门征收能源税，对制造业产出造成的负面冲击最小，并且能降低制造业污染物治理成本，同时提升制造业绿色价值链分工地位。（2）从长期影响来看，在单一政策模拟中，OFDI 规模增加有利于促进制造业产出的长期增长，显著降低制造业减排成本并提升制造业绿色出口技术复杂度；在组合政策分析中，OFDI 规模扩大并实施能源税或是污染税，均能够促进制造业绿色价值链分工地位的提升，但两种征税手段对制造业产出影响不同，污染税对制造业产出造成的负面冲击相对较大，因此，合理推动 OFDI 规模扩大并征收能源税，是促进制造业攀升绿色价值链高位的重要途径。

作者

2022 年 12 月

目 录

第1章 绪论 ·· 1
  1.1 研究背景和意义 ·· 2
  1.2 研究思路、框架和方法 ·································· 4
  1.3 研究内容和数据来源 ···································· 6

第2章 国内外文献综述 ······································ 11
  2.1 绿色价值链理论 ······································ 12
  2.2 对外直接投资理论 ···································· 18
  2.3 对外直接投资对绿色价值链升级的影响 ·················· 25
  2.4 文献述评 ·· 32

第3章 对外直接投资对制造业绿色价值链攀升的CGE模型构建 ·································· 35
  3.1 CGE 模型基本理论 ···································· 36
  3.2 模型构建 ·· 37
  3.3 社会核算矩阵的构建 ·································· 51
  3.4 模型参数设定 ·· 61
  3.5 模型求解与验证 ······································ 62

第4章 对外直接投资偏向性技术进步效应测度与分析 …… 65

4.1 对外直接投资异质性分布与特征 …… 66
4.2 对外直接投资的偏向性技术进步效应测度 …… 72
4.3 对外直接投资对制造业偏向性技术进步的影响研究 …… 80

第5章 制造业绿色价值链分工位置测度与地位评估 …… 85

5.1 制造业绿色价值链分工地位测算方法 …… 86
5.2 制造业绿色价值链分工地位评估 …… 88
5.3 OFDI对制造业绿色价值链分工地位的影响路径分析 …… 93

第6章 对外直接投资对制造业绿色价值链攀升的CGE模拟分析 …… 97

6.1 基准设定 …… 98
6.2 政策情景静态模拟分析 …… 106
6.3 政策情景动态模拟分析 …… 115

第7章 促进制造业绿色价值链攀升的对策建议 …… 125

7.1 研究结论 …… 126
7.2 政策建议 …… 127

参考文献 …… 135

对外直接投资的偏向性
技术进步效应对制造业
绿色价值链攀升的
影响研究
Chapter 1

第1章 绪 论

1.1 研究背景和意义

1.1.1 研究背景

随着全球化进程的不断深入，发达国家依托全球化优化产业布局，发展中国家顺应全球化融入国际分工，各国间经济联系日益加深。但全球化是一把"双刃剑"，在促进资源优化配置的同时，也加剧了利益分配不均等、发展不平衡的问题，激化了"逆全球化"的浪潮，我国制造业发展面临严峻挑战。美欧等发达国家认识到产业"空心化"的危害与制造业的重要作用，出台了一系列政策举措促进"再工业化"，直接采取技术封锁手段遏制我国高端制造业发展，意在维持其高技术产业的领先地位，推动低技术产业回流本国、吸纳就业，使我国获取先进技术难度增加，产业升级面临"卡脖子"的风险。同时，我国人口红利消退、自然资源约束趋紧等竞争优势逐渐丧失，而许多发展中国家凭借廉价劳动力吸引了大量国际资本流入，制造业低附加值环节向东南亚等发展中国家转移并不断加强，对我国制造业形成"前堵后追"之势，如何构建新型比较优势、实现制造业价值链攀升具有重要理论意义和现实意义。

与此同时，我国日益面临能源约束和环境污染挑战，传统的以高投资、高能耗、高排放、低质量、低效益为特征的制造业增长模式引致大量的污染排放和资源消耗已逼近环境承载极限，严重制约经济的可持续发展。为了破解发展难题，推进生态文明建设，"十四五"规划和2035年远景目标纲要提出，必须贯彻落实创新、协调、绿色、开放、共享的新发展理念，培育制造业增长新动能，转变制造业发展方式，推动制造业绿色价值链攀升，为我国制造业转型升级提供了发展思路与着力点，成为我国亟待解决的重要问题。因此，如何积极融入全球价值链、产业链、创新链,实现对外开放的内外联动,通过开展对外直接投资(本书以下简称OFDI)并形成全球性的生产网络和分工网络是巩固和提升全球价值链分工地位的重要手段。随着2013年我国"一带一路"倡议的提出,聚焦于互联互通的"五通"建设,立足于营造便利化的投资与营商环境,消除投资壁垒,保护投资者的合法权益,进一步推动我国OFDI进入快速发展时期。据商务部统计数据显示,2020年我国OFDI达1537.1亿美元,同比增长12.3%,流量规模首次位居全球第一,存量规模达2.58万亿美元,次于美国(8.13万亿美元)和荷兰(3.8万亿美元)。从投资行业分布来看,我国OFDI投资领域日趋广泛,结构不断优化,2020年OFDI涵盖国民经济的18个行业大类,近七成投资流向租赁和商务服务、制造业等产业,规模均超过百亿美元,我国OFDI呈现平稳发展的良好态势。因此,在"逆全球化"与绿色发展的现实背景下,重点围绕OFDI能否推动我国制造业绿色价值链分工地位攀升及如何影响绿色价值链分工地位攀升等问题展开研究,对于优化我国OFDI布局、提高OFDI质量和效率、促进制造业中高端价值链攀升、落实绿色发展理念具有重要的现实意义。

1.1.2 研究意义

(1) 理论意义。已有关于OFDI与制造业全球价值链分工地位关系的研究相对丰富,且大多数聚焦于OFDI通过技术进步推动制造业价值链分工地位提升的分析视角。本书在现有研究的基础上,提出"OFDI—偏向性技术进步—制造业绿色价值链分工地位"的研究框架,构建可计算一般均衡模型(CGE模型),以验证在有偏技术进步前提下,OFDI的偏向性技术进步效应对制造业绿色价值链分工地位攀升的影响,进一步充实了OFDI影响制造业全球价值链分工地位的理论研究。

(2)现实意义。实行更高水平的对外开放、提高我国在全球价值链分工体系中的地位、走绿色发展之路已然成为当下国家层面的重要战略任务,而制造业作为立国之基,妥善应对逆全球化带来的挑战,实现绿色转型、价值链攀升更是势在必行。因此,研究 OFDI 对推动我国制造业绿色价值链分工地位攀升具有重要的理论价值,可以在一定程度上为应对逆全球化浪潮,优化我国对外投资策略、促进我国制造业绿色价值链升级提供了有益参考。

1.2 研究思路、框架和方法

1.2.1 研究思路和框架

本书旨在研究 OFDI 能否通过发挥偏向性技术进步效应促进我国制造业绿色价值链升级,基于此,按照"理论分析—实证研究—得出对策"的思路展开。在理论分析部分,阐述了当前我国制造业实现绿色价值链升级的必要性与 OFDI 的发展现状;在此基础上,进一步对已有相关文献进行梳理与总结,确定测算我国绿色价值链分工地位的方法,讨论归纳 OFDI 影响制造业绿色价值链攀升的具体路径。在实证分析部分,本书主要采用计量方法与模拟仿真分析分别从偏向性技术进步效应测度、绿色价值链分工地位测算和 OFDI 政策模拟三个方面展开研究。一是以制造业行业为研究对象,运用计量方法测算各行业的偏向性技术进步指数,并将其与 OFDI 纳入计量模型,利用计量方法测算 OFDI 对制造业偏向性技术进步水平的影响;二是运用构建绿色出口技术复杂度指标评估了我国制造业的绿色价值链分工地位;三是建立包含 OFDI 的偏向性技术进步效应模块与绿色价值链模块的 CGE 模型,模拟 OFDI 政策叠加能源环境税政策冲击对我国制造业产出、污染治理及其绿色价值链分工地位的影响。最后,根据理论分析与实证研究结果，提出促进我国制造业绿色价值链攀升的对策建议。依据上述研究思路，本书的相应技术路线如图1-1所示。

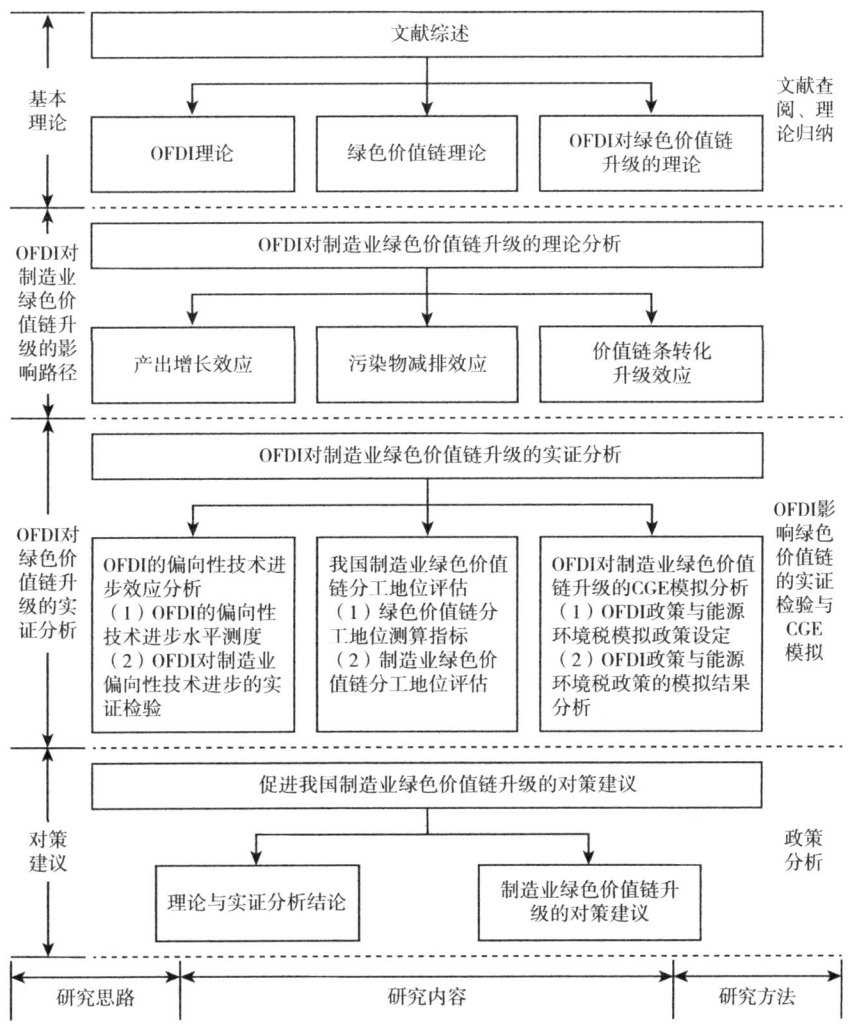

图1-1 本书的技术路线

1.2.2 研究方法

（1）文献梳理法。本书的研究对象是OFDI对制造业绿色价值链分工地位的影响，借助文献检索、搜集当前国内外有关文献资料，阅读梳理 OFDI 理论、绿色价值链理论以及价值链升级理论的研究成果，了解国内外学者对此类问题的研究视角和发展方向，进而为本书的研究思路与框架构建提供理论依据。

（2）实证分析法。在研究 OFDI 对制造业偏向性技术进步的影响时，本书选用制造业行业 2011～2019 年面板数据，测算出制造业细分行业的偏向性技术进步指数，加入 OFDI、要素禀赋、人力资本等变量建立回归模型，采用计量估计方法，实证分析 OFDI 对制造业偏向性技术进步水平的影响。

（3）一般均衡分析法。在宏观管理领域，CGE 模型作为一种政策模拟工具，可用于模拟分析税收等各类政策变化对国民经济各个方面所产生的冲击，相较于局部均衡分析，其反映的政策效应更为全面。因此，本书采用一般均衡分析法，在标准 CGE 模型的基础上加入 OFDI 的偏向性技术进步效应模块与绿色价值链模块，模拟分析了 OFDI 政策叠加能源环境税政策情景对我国制造业产出、污染治理成本以及绿色价值链分工地位的可能影响。

1.3　研究内容和数据来源

1.3.1　研究内容

本书共分为 7 章，具体各章节内容安排如下。

第 1 章为绪论。具体阐述了本书的研究背景与意义，介绍了研究思路、基本框架、研究内容及相关数据来源。

第 2 章为国内外文献综述。从绿色价值链理论、OFDI 理论、OFDI 对绿色价值链升级影响三个角度对目前国内外相关研究成果进行了梳理与总结。

第1章 绪　　论

第3章为OFDI对制造业绿色价值链升级的CGE模型构建，详细介绍了本书CGE模型的构建过程。首先，对CGE模型的基本概念、应用范围以及特点进行了简要介绍。其次，介绍了本书所构建的CGE模型的模块组成，在标准CGE模型框架下，建立生产模块、贸易模块等5个基本模块，并进一步结合本书的研究目的，增加了OFDI的偏向性技术进步效应模块与绿色价值链模块2个特殊模块，旨在将OFDI、偏向性技术进步、绿色价值链置于同一分析框架内，以验证偏向性技术进步是否充当了OFDI影响制造业绿色价值链分工地位攀升的中介渠道。再次，阐释了CGE模型的基础数据来源：社会核算矩阵（SAM表）的编制，本书以2018年中国投入产出表为基础数据，对表内行业进行合并拆分处理，编制了2018年中国22部门宏观社会核算矩阵（宏观SAM表）。最后，对模型参数设定与求解进行了说明。一方面介绍了CGE模型构建中所使用参数的设定方法与数值来源；另一方面参考现有研究，本书利用GAMS软件对CGE模型进行求解，通过参数调试与变量冲击，得到模拟结果。

第4章为OFDI偏向性技术进步效应测度与分析，主要解决两个方面的问题：制造业偏向性技术进步水平测度以及OFDI对制造业偏向性技术进步的可能影响。首先，对我国OFDI的整体发展现状进行了简要概述，分析了OFDI发展呈现的行业及地区异质性；其次，参考现有偏向性技术水平的测算方法，设定包含资本、劳动、能源要素的CES生产函数，进一步构造出资本技术进步偏向性指数D^K、能源偏向性技术进步指数D^E，利用2011~2019年行业面板数据测算我国制造业技术进步偏向性水平；最后，运用FGLS估计和MLE估计，基于我国2011~2019年制造业数据，对制造业OFDI与偏向性技术进步之间的关系进行实证考察。

第5章为制造业绿色价值链分工位置测度与地位评估。一方面，构建了制造业绿色价值链分工地位的衡量指标；另一方面，测算当前我国制造业绿色价值链分工地位。首先，借鉴全球价值链分工地位的测算方法,选取出口技术复杂度作为衡量指标;其次,考虑绿色价值链的环境效益与社会价值,将绿色制造业增加值引入出口技术复杂度的核算框架下,从而构造绿色行业出口技术复杂度 GESI 指标衡量制造业绿色价值链分工地位;再次,对制造业绿色价值链分工地位进行评估,利用国家统计局数据库、联合国贸易统计数据库等统计数据,测算 2010~2019 年我国制造业各行业绿色出口技术复杂度,从而全面反映我国制造业绿色价值链分工地位的变化趋势;最后,从理论分析层面,归纳分析了 OFDI 影响制造业绿色价值链攀升的路径:产出增长效应、污染物减排效应、价值链条转化升级效应。

第 6 章为 OFDI 对制造业绿色价值链升级的 CGE 模拟分析。在第 4 章、第 5 章实证分析的基础上,设置差异化 OFDI 政策与能源环境税政策情景,模拟分析单一政策冲击、叠加政策冲击对我国制造业产出水平、污染物减排及其绿色价值链分工地位的影响。首先,基准设定,重点说明了两类模拟政策的设计:一是 OFDI 政策的设定,结合我国制造业部门对外投资的经验数据,设定加速与衰退两档增长情景,以此来反映制造业 OFDI 规模未来可能存在的扩张与收缩趋势;二是能源环境税政策的设定,旨在控制能源使用和污染物排放,相应设定两类征税情景,拟对能源生产部门与制造业部门分别征收能源税和污染税。其次,模拟分析部分,分为静态模拟与动态模拟两个部分。对于静态模拟分析部分,以 2018 年作为模拟基期,模拟单一 OFDI 政策冲击、OFDI + 能源环境税组合政策冲击下,制造业产出、污染物减排、绿色行业出口技术复杂度产生的短期变化;关于动态模拟分析部分,在 2018 年 SAM 表基础上进行递归动态模拟,模拟期设定为 2020~2030 年,从而模拟评估单一 OFDI 政策冲击、OFDI + 能源环境税组合政策冲击对制造业产出、污染物减排及绿色行业出口技术复杂度的长期影响。

第 7 章为促进制造业绿色价值链攀升的对策建议。根据理论分析与实证分析结果,立足 OFDI 视角,有针对性地提出促进我国制造业绿色价值链攀升的政策参考。

1.3.2 数据来源

本书的研究样本为2010~2019年中国制造业行业层面,数据来源主要是《中国统计年鉴》《中国工业统计年鉴》《中国对外直接投资统计公报》《中国能源统计年鉴》《中国劳动统计年鉴》等;构建SAM表所需的原始数据来源于2018年《中国投入产出表》《中国金融年鉴》等,所需参数数值借鉴相关文献整理汇总得到;测算制造业绿色价值链分工地位数据则主要来源于联合国贸易统计数据库、《中国环境统计年鉴》等。

对外直接投资的偏向性
技术进步效应对制造业
绿色价值链攀升的
影响研究
Chapter 2

第 2 章　国内外文献综述

面对绿色发展与价值链升级的现实要求,过去依赖要素资源培育的国际竞争优势正在消退,高能耗、高污染的粗放型发展模式已无法适应当下经济高质量发展需求,我国制造业转型迎来新的变革。在当前我国推进更高水平开放进程中,如何以 OFDI 推动制造业沿着绿色可持续的价值链高位攀升成为制造业发展中需要重视的问题。本章在梳理绿色价值链相关研究的基础上,基于逆向技术溢出效应与偏向性技术进步理论,进一步归纳分析了 OFDI 对绿色价值链升级的影响。

2.1 绿色价值链理论

2.1.1 绿色价值链的内涵

绿色价值链相比传统价值链,除了考虑价值链条上各个主体的经济利益目标外,同时将绿色因素嵌入设计、研发、采购、生产、销售、消费、回收处理等一系列传统价值链环节,从而实现经济利益、生态效益与社会责任的协调统一,最终形成动态循环的闭环价值链,是对传统价值链的深化与拓展(陈谷平,2020)[1]。绿色价值链将企业的转型升级之路和绿色环保理念相结合,使企业在进行运营的同时,提高资源利用效率,履行社会责任,尽可能地减少对环境的负面影响(王雪薇,2021)[2]。也有一些学者将绿色化问题与全球价值链分析相结合,从而提出全球绿色价值链的概念:即世界各经济体在全球生产网络下通过绿色创新改变生产方式,以低污染、低排放为目标,涵盖了从产品设计、原材料采购、产品制造、产品营销至回收再利用等一系列跨国生产活动的绿色化处理和生态价值再分配过程(刘尧飞等,2020[3];沈静等,2019[4])。

2.1.2 绿色价值链的特征

绿色价值链是传统价值链的延伸与深化。价值链是微观企业生产活动各个环节互相链接的有机结合,而非孤立价值活动的简单组合,是综合了企业研发、生产、销售、交付以及各种辅助生产活动等表现形式的一种创造价值的动态过程(严洁等,2018)[5]。传统价值链体系一贯以经济利益与资源配置为出发点,忽视了企业应承担的社会责任,导致企业过度关注成本与收益而忽视了生态责任,与当前国际社会倡导的绿色发展与环境战略背道而驰(胡竟男,2018)[6]。绿色价值链是在价值链理论的基础之上,一方面兼顾价值链实现资源配置的基本作用,另一方面注重价值链各环节的生态效应,在实现自身的发展过程中避免环境污染,绿色价值链的特点是最大化单个企业以及整个价值链系统的绿色价值(孙宝连等,2018[7];何键,2016[8])。

绿色价值链形成的闭环结构充分考虑了环境因素,追求从产品研发到采购、生产、销售、回收处理等价值链各个环节的全面绿色管理与运行,进而达到经济价值、环境价值与社会价值的均衡。从企业发展来看,绿色化经营本质上是从产品研发到生产、销售等全方位、多维度的创新,符合当下全球发展理念,将为企业塑造绿色竞争优势,促进企业率先突破国际间逐渐强化的绿色贸易壁垒,进一步扩大市场范围,不同于其他转型发展之路,构建绿色价值链同时能为企业树立良好形象。坚持绿色发展经营理念,注重保护生态环境,也是企业家社会责任感的体现。在日益倡导绿色消费的今天,推动企业朝着绿色环保企业升级,可以向公众展示良好的企业形象,增加企业无形的文化价值,提升文化竞争力,从而提高企业获得长远利益的可能性。从相关利益群体的角度来看,企业坚持绿色发展理念、构造动态循环价值链也是实现其可持续发展的重要方式之一,提供消费者需要的绿色产品,不仅是企业家承担社会责任的鲜明体现,还可以促进企业利润与环境效益的协同发展,实现企业利益、消费者权益、环境保护的统一,并且这种影响还将通过企业价值链向上下游企业的合理延伸方式,带动整个产业的绿色转型(李波波,2019[9];严洁等,2018[5])。

2.1.3 绿色价值链的分工与度量

目前,国内外研究绿色价值链分工地位测算的文献并不多,且主要集中于研究全球价值链分工地位与绿色生产效率问题,因此,本章主要从上述两个角度对相关研究进行梳理与分析。

(1)全球价值链分工地位的测算。

当下,全球价值链的研究思路和方法已经被广泛运用到经济学领域,成为劳动经济、产业经济、工业经济和宏观经济等的研究热点。近年来,国内外学者围绕全球价值链测度进行了丰富探索,其核心任务是反映全球化趋势下,各国在国际贸易格局中获得的实际利益,主要基于出口产品价格、出口技术复杂度、增加值贸易核算法等构建指标测算价值链分工地位。

出口产品价格最早被用于衡量经济体全球价值链分工地位,该方法利用传统贸易出口数据进行测算,通过一国出口产品的价格来衡量该国在全球价值链中的分工地位。胡昭玲等(2013)[10]通过研究出口产品价格变化,发现我国整体上处于全球价值链的低端环节,但随着加入世贸组织,我国在全球价值链上的分工位置明显上移。

出口技术复杂度来源于 Michaely(1984)[11]提出的贸易专业化指标,该指标通过计算一国某一产品出口额在世界该类所有产品出口的占比,来计算该出口国的人均收入,并假定该国技术水平与收入水平正相关,从而以收入水平来反映该国的技术水平,但这种方法并不适用于一些具有特殊比较优势的国家。因此,Hausman(2007)[12]在此基础上对贸易专业化指数进行了优化,提出了出口技术复杂度的概念:首先,计算代表一国某一出口产品技术含量的显示性比较优势指数(RCA);其次,计算 RCA 指标与该国人均 GDP 的乘积(Prody),并将该国不同产品占该国总出口额的比重作为权数对上述乘积进行加权计算,从而构造出该国整体的出口技术复杂度(Expy),以此指标来衡量其全球价值链分工地位。一国（或地区）出口产品的技术含量和生产率可以通过出口技术复杂度体现出来，一般来说，一国出口产品技术复杂度越高，技术水平与生产率也相对越高，说明该国在全球价值链中所处分工位置也就越高（魏如青等，2021）[13]。高运胜等（2021）[14]研究发现，2000~2014年中国制成品国内出口复杂度整体上呈显著增长趋势，其中劳动、资本、技术密集型行业出口复杂度均不断上升，其中劳动密集型行业数值较高。李凤等（2021）[15]利用2009~2018年UN Comtrade数据库"一带一路"沿线国家制造业数据，以制成品出口技术复杂度作为全球价值链分工地位的代理变量进行研究，发现21个样本国家的制造业出口技术复杂度明显提高，并且上升幅度在不同经济发展水平的国家之间存在异质性，发达国家的出口技术复杂度要高于发展中国家。卢仁祥（2020）[16]深入分析中国工业制造业出口复杂度及其演变的动力机制，发现中国工业制造业整体以及除纺织原料及纺织制品等几个传统部门以外其他部门的出口复杂度水平与世界发达经济体之间的差距在不断扩大。屠年松等（2019）[17]将出口技术复杂度作为测度一国（地区）全球价值链分工地位的典型指标，通过测算2007~2016年我国30个省区市制造业25个细分行业的出口技术复杂度发现，我国技术密集型产业的国际竞争力正在不断增强，传统的资源型重工业行业竞争力相对薄弱。

国际分工层次逐渐从产品细化到生产环节，致使国际分工格局发生全新变化，传统贸易统计口径导致的"统计幻象"与现实严重不符，引发了学术界的关注，学者们开始从增加值贸易的角度来测度全球价值链分工，这种分析框架消除了对贸易总额的重复计算，可以真实反映一国贸易状况。Hummels等（2001）[18]首先运用增加值贸易核算方法测算一国的全球价值链分工地位，将一国的出口分解为国内增加值（DV）和国外增加值（VS），并定义垂直专业化（VS）为用于生产出口产品的进口投入。Daudin等（2009）[19]拓展了垂直专业化的内容，将一国出口到其他国家，并被该进口国用于生产最终产品，后又被进口回本国用于生产的中间品定义为 VS1*。Johnson 等(2012)[20]进一步定义了一国真正的增加值出口即一国生产而最终被其他国家吸收的增加值部分。在前人研究基础上，Koopman 等(2012)[21]将垂直专业化和增加值贸易整合到一个分析框架下，总出口包括被国外吸收的增加值、返回国内的增加值、国外增加值和纯重复计算的中间贸易品四个部分，并构建起全球价值链分工地位指数。王直等（2015）[22]在 Koopman 对总出口分解的基础上，以产品增加值来源、目的地和吸收渠道为标准，将一个国家（行业）的出口总额细分为十六个部分，从国家、部门、双边等多个层面构建了新的总贸易核算方法，并相应完善了全球价值链分工地位指数的核算公式，大大提高了贸易增加值核算的精准度。基于中国在全球加工贸易当中的特殊地位，众多学者专门研究了贸易增加值核算体系下中国在全球价值链中所处的地位。郑乐凯等（2021）[23]以各国出口产品国内增值占比作为衡量各国价值链分工地位的指标，核算了增加值框架下各国的全球价值链分工地位。金钰莹等（2020）[24]运用 WWZ 出口分解框架，对 2000~2017 年中国整体及其内部制造业 GVC 地位指数进行测算分析，结果表明，中国整体全球价值链分工地位指数呈现倒"N"形变化趋势，反映出中国在全球价值链分工体系中所处位置有所上升，但总体上仍然处于全球价值链低端环节；而中国制造业拥有较高的全球价值链融入程度但是其国际分工地位较低。部分学者主要参考了王直等人的增加值核算体系，从行业视角切入研究，测度并分析中国制造业全球价值链分工地位指数的变化（关乾伟等，2021[25]；郭然等，2021[26]；葛海燕等，2021[27]；郑淑芳等，2020[28]）。

（2）绿色生产效率的测算。

经济实现飞速发展的同时，不可避免地造成了资源的过量消耗，引发资源不足、环境污染与生态破坏等不良后果，严重制约了经济社会的可持续发展，学者们逐渐达成共识，认为经济效率不应只是片面追求经济产出 GDP 增长，更应该将经济增长所消耗的资源消耗和生态污染代价纳入考虑，否则经济效益水平的评价不具有客观性，在一定程度上存在高估的倾向，而且也会扭曲对社会福利的评价（丁玉龙，2021）[29]。绿色生产效率解决了传统生产效率没有将环境污染问题纳入统计范畴的缺陷，强调在产出生产、转变技术的过程中兼顾环境保护，认为衡量全面的生产效率评价体系应该包括对生态环境的影响，从而使评价结论更加符合可持续发展、绿色发展理念。梳理现有绿色生产效率的测算方法发现，基本有参数法及非参数法两大类。参数法包括索罗残差法、随机前沿生产函数法（SFA）、柯布—道格拉斯生产函数回归法等；非参数法主要指的是数据包络分析法（DEA）。DEA方法限制条件相对参数法较少，无须预先假定生产函数与估算参数，测算结果相对来说较为客观公正，成为评价绿色生产效率的主流工具。

在DEA框架下，根据绿色发展效率测度模型选择的不同，已有研究大致分为三类：方向性距离函数模型、非期望产出的SBM模型、非期望产出的超效率SBM模型。Chung等（2016）首次在DEA中构建了同时考虑期望产出和非期望产出的方向性距离函数，从而对以往没有包括非期望产出的效率测算进行补充。张学成等（2020）[30]以2008~2017年的数据为基础，对中国30个省区市的绿色生产效率进行测度，发现大部分省区市的绿色生产缺乏效率，且东部地区效率最低。张泽义等（2019）[31]利用SBM模型，从城市层面测算了我国的绿色经济效率水平，并进一步探究了城市规模对城市绿色经济效率水平的影响。朱广印等（2020）[32]考虑了区域外部环境和技术管理因素，运用三阶段DEA模型测度了我国2011~2017年31个省区市真实绿色产出效率水平的变动趋势，发现绿色产出效率水平总体呈下降趋势。徐盈之等（2019）[33]运用三阶段DEA方法测度了2005~2017年中国省际绿色经济效率，并在此基础上建立面板Tobit模型与面板门限模型，对制造业价值链攀升与绿色经济效率之间的非线性关系进行了实证检验。

2.2 对外直接投资理论

2.2.1 对外直接投资理论

对外直接投资（OFDI）是资本国际化的主要形式之一，小岛清（1987）[34]提出的"边际产业扩张理论"为早期的发展中国家跨国投资行为提供理论基础，他认为，OFDI 应该从投资国已处于或即将陷于比较劣势的产业（即边际产业）同时也是目标国具有显在或潜在比较优势的产业依次进行，这样既有利于优化投资国资源流动，促进其国内优势产业的发展，同时也有利于国际分工再调整，带动东道国的产业进步。Wells（1983）[35]、Lall（1983）[36]、Cantwell（1990）[37]都聚焦于技术因素，分别提出了小规模技术理论、技术本地化理论、技术创新产业升级理论。小规模技术理论是发展中国家 OFDI 理论的代表性成果之一，是一种"技术被动论"。发展中国家以东道国主流市场忽略的细分需求为投资导向，凭借国内较低生产成本开展小规模生产，这些发展中国家企业往往不会主动追求技术进步，导致企业也只能停滞于价值链低端。技术本地化理论则持相反观点，认为发展中国家对外投资可以处于主动地位，企业可以主动出击，充分利用东道国的技术优势与管理资源等，积极开展创新活动，充分吸收内化为自身优势，从而提高企业核心竞争力。而 Cantwell 的技术创新产业升级理论则认为，发展中国家的技术进步是一个循序渐进的积累过程，技术进步与对外投资增长互相影响，发展中国家在跨国投资中吸收先进技术，积累技术并逐步实现技术进步，促进国内产业升级，产业的发展带动 OFDI 活动的增加，两者形成良性循环。

国内外针对 OFDI 进行了大量研究，主要集中于对 OFDI 的投资动机、区位选择等方面。首先，针对投资动机的研究多从资源、市场、技术、效率等角度切入。资源寻求型 OFDI 的目的是获取东道国的自然资源，大多将获得的东道国自然资源作为中间产品直接投入在当地的生产和销售，或运回母国后在国内进行加工生产。市场寻求型 OFDI 的目的是跨越贸易壁垒，通过在海外建立销售组织来开拓和扩大母公司在海外的市场，降低出口风险和出口成本。技术寻求型 OFDI 旨在接触、获取并利用东道国的先进技术，发展中国家在技术上处于劣势，在高新技术领域一般难以达到发达国家制定的技术标准，技术壁垒已经成为发达国家保护国内市场的手段，而通过技术寻求型 OFDI 可以有效规避东道国设置的技术贸易壁垒从而接近其国内高新技术领域。效率寻求型 OFDI 可进一步分为水平生产型 OFDI 和垂直生产型 OFDI，前者是指在不同的国家复制相同的生产行为，后者则是将产品的不同生产阶段分散到不同的国家。吴先明等（2016）[38]通过区分顺向投资和逆向投资，实证分析得出我国企业进行对外投资主要是为了寻求市场和自然资源。尹美群、盛磊等（2019）[39]研究我国对"一带一路"沿线国家的投资，指出沿线国家的自然资源禀赋和劳动力禀赋是影响我国投资的重要因素，也就是说，我国对外投资的主要动机是资源寻求型和效率寻求型。邵宇佳等（2020）[40]基于 2003～2015 年我国对 140 个国家和地区的 OFDI 的分析表明，我国企业开展对外投资重在获取市场与战略资源，并且市场寻求型 OFDI 表现出显著的互补效应，战略资源寻求型 OFDI 表现出一定程度的"挤出"效应。陈春等（2021）[41]基于投资动机视角，采用 2007～2018 年我国与 134 个东道国的 OFDI 跨国面板数据，实证研究了中美贸易摩擦加剧对我国 OFDI 的影响，结果表明，中美贸易摩擦加剧对我国 OFDI 的影响具有投资动机异质性，也就是说，战略资产寻求型区位优势和市场寻求型区位优势能降低中美贸易摩擦对我国 OFDI 的抑制作用。

其次，部分学者从区位选择角度出发对 OFDI 进行了理论与实证研究。企业的 OFDI 区位选择不仅会受到东道国经济、政治、制度、文化等宏观环境因素的影响（Azzimonti，2019[42]；杨连星等，2016[43]；文雯等，2020[44]），还与企业自身的要素禀赋和竞争优势密切相关。葛璐澜等（2020）[45]基于2003~2017年中国对156个国家（地区）的直接投资数据，重点考察了东道国特征对我国OFDI区位选择的影响，研究发现，东道国劳动力禀赋、融资环境、制度风险、双边贸易关系会显著影响我国对外投资。

此外，国内外学者也针对影响OFDI投资动机与区位选择的因素进行了深入探讨。孙朋军等（2016）[46]研究了文化距离与不同投资动机OFDI之间的关系，认为文化距离与我国市场寻求型OFDI呈正相关，与资源寻求型OFDI呈负相关，与战略资产寻求型OFDI不存在明显关联。王金波（2018）[47]研究了投资环境对我国OFDI的影响，认为我国OFDI总体上倾向于那些制度完善、局势稳定的国家或地区。林季红等（2020）[48]考察了我国对"一带一路"的投资，发现我国OFDI倾向流入腐败水平较高和监管机制较松的"一带一路"国家，进一步分析发现缩小双边文化差异能够弱化东道国腐败控制水平对OFDI的负面影响，但该负效应的衰减与文化差异之间不存在线性关系。孙乾坤等（2021）[49]运用Multinomial Logit模型，分别从企业所有权和企业生产率角度切入，实证考察了企业异质性对企业OFDI区位选择的影响。汪建新等（2021）[50]研究了美国经济政策不确定性对我国企业对外投资区位选择的影响，发现经济政策不确定性对运营经验丰富的企业阻碍作用更大，运营经验越丰富，企业风险意识越强，投资行为趋于保守。

2.2.2 逆向技术溢出效应

逆向技术溢出的定义可以概括为：OFDI流出地母公司通过其子公司或分公司直接或间接在东道国获取先进技术、智力要素和信息等资源，这些资源通过公司内部系统反馈给母公司，从而实现东道国的技术向母国扩散,并对母国的技术水平、创新能力和经济增长产生直接或间接的影响。

一是对OFDI逆向技术溢出效应存在性的研究。Kogut等(1991)[51]研究了日本企业在美国的海外投资,发现日本企业倾向于建立合资企业,并主要把资金投向研发密集型产业,推测日本投资者的主要动机可能是获取技术,由此提出了OFDI逆向技术溢出的概念。多数研究表明,OFDI与逆向技术溢出效应正相关(毛其淋等,2014[52];周经等,2020[53])。Dierk(2011)[54]对33个发展中国家1980~2005年对外投资的研究也证实了OFDI存在逆向技术溢出效应,但不同国家的技术溢出效应不同。赵刚(2019)[55]认为OFDI可以通过嵌入异质的国外创新体系,获得先进的技术与知识,还可以通过跨国并购活动直接获得战略资源,从而对本国的产业升级产生积极的影响。但这种影响是潜在的,而不是必然的,这种逆向技术溢出效应受到多种因素的调节。霍忻(2017)[56]以1985~2015年投资数据为基础,实证检验得出我国技术获取型OFDI会产生显著的逆向技术溢出效应。邓晶等(2020)[57]利用2009~2019年江苏省13个地级市的面板数据实证研究了OFDI的逆向技术溢出效应是否存在。李平等(2019)[58]实证检验证明存在知识产权保护时,OFDI逆向技术溢出能对技术进步产生正向影响。张建等(2020)[59]运用动态面板系统GMM估计探讨了OFDI与绿色全要素生产率的关系,结果表明,在中国情境下,存在OFDI的逆向绿色技术溢出效应,并且对绿色全要素生产率增长起到显著的促进作用。

二是对OFDI逆向技术溢出效应影响因素的研究。母国与东道国技术差距、东道国研发支出、技术吸收能力、技术创新能力、制度环境等因素都会对逆向技术溢出效应产生影响。在国际技术溢出中,溢出方与接受方间的技术差距在一定程度上决定了接受国能否通过OFDI获得逆向技术溢出,以及能获得多大程度的技术溢出效果(李群峰,2015)[60]。陶爱萍等(2018)[61]基于OFDI逆向技术溢出效应的存在性，在加入技术势差后，用门槛模型对中国省级数据进行检验，发现在一定程度的 OFDI 规模和技术势差上，OFDI 逆向技术溢出能显著提升制造业高端化水平，但越过"拐点"后，这些作用会变为负向且不显著。李静等（2015）[62]认为一个国家的不同地区通过国际贸易获得技术外溢以优化贸易结构和促进经济增长会受到吸收能力和贸易差距的限制，母国吸收能力越好，越有利于产品的改进升级。陈晓林等（2021）[63]在南北产品周期模型中引入发展中国家向发达国家的直接投资作为国际技术流动的路径，并深入探讨了母国知识产权保护对 OFDI 逆向技术溢出的作用，整体上看，知识产权保护增强了 OFDI 的逆向技术溢出效应，有利于提高发展中国家整体技术水平。韩科振（2020）[64]运用面板固定效应和面板门限模型，实证分析自主创新与技术溢出对绿色技术进步的效应，结果表明，OFDI 技术溢出对绿色技术进步的促进作用受到国内自主创新能力以及人力资本水平的影响，自主创新能力越强，人力资本水平越高，OFDI 技术溢出对绿色技术进步的推动作用就越强。蒋冠宏（2017）[65]认为我国企业的跨境并购总体上推动了行业生产率进步，在不同目标国家和地区的跨境并购对行业生产率进步的影响存在差异。荣枢等（2020）[66]发现我国 OFDI 的逆向技术溢出存在政府扶持的门槛特征，当地区的政府扶持跨越一定的门槛水平时，OFDI 才能显著促进全要素生产率的增长。

三是对 OFDI 逆向技术溢出效应实现机制的研究。王杨（2016）[67]将 OFDI 与母国技术水平提升机制以企业对外投资产生的逆向溢出机理为依据划分为两个阶段，分别是对外直接投资—资源吸纳机制和资源吸纳—母国技术水平提升机制。第一阶段中，采用学习竞争、技术转移、人员流动、前后向关联等四种主要方式。第二阶段，海外子公司获取到国外研发成果和先进生产技术后，利用技术转移等方式传递回母国公司，母国公司对海外子公司反馈的技术学习吸收并进行改进和创新后，在国内的子公司中推广，之后同行业其他企业及上下游关联企业在与该公司的合作竞争中主动或非主动地将这些海外技术吸收、扩散,并溢出至各产业,从而提升母国的技术水平。苏汝劼等(2021)[68]基于逆向技术溢出效应产生的路径:海外机构在东道国的技术互动、海外机构与国内母公司的技术传递和技术在行业内扩散三个步骤对制造业 OFDI 逆向技术溢出效应进行了机制分析。曾杰(2021)[69]对我国企业获取 OFDI 逆向技术溢出的途径进行了分析,对于面向发达国家的投资行为,通过研发资源利用、研发资源共享、研发成果反馈、人才流动效应四种途径获取逆向技术溢出;对于面向发展中国家的投资活动,通过研发费用分摊、外围技术剥离、母国劳动力结构优化三种渠道促进母国的技术创新。

2.2.3 对外直接投资的偏向性技术进步效应

技术进步是经济增长的重要驱动力,在现实经济中,技术进步通常与生产要素相结合,通过提高要素生产效率方式促进经济增长。技术进步对生产效率和经济增长的影响既体现在技术进步方向上也体现在技术进步速度上,且对技术进步方向的影响效应要远超过对技术进步速度的影响(邓明,2015)[70]。技术进步对生产要素的作用表现为两种形态:一是技术进步同比例地提高所有生产要素的边际产出,称为中性或无偏技术进步;二是技术进步偏向于提高某一种生产要素的边际产出,称为有偏技术进步(董直庆等,2016)[71]。

自主研发创新、技术引进来源与要素结构等都是影响技术进步方向的因素。郑猛等(2015)[72]发现在影响中国制造业技术进步偏向性的因素中,外国直接投资(FDI)是使技术进步呈现劳动偏向型特点的原因,R&D 是导致技术进步呈现资本偏向型特点的原因,对整个工业企业的研究中也印证了这一结论(尹今格等,2015)[73]。技术扩散理论认为,在开放经济条件下,FDI、OFDI、国际贸易、技术许可等渠道是发达经济体向发展中经济体扩散先进技术的渠道,20 世纪以来包括美国在内的一些发达国家的技术进步总体呈现资本偏向特征，发展中国家通过技术扩散学习应用发达国家的先进技术，所以发达国家与发展中国家的技术进步方向一致。Gancia 等（2009）[74]证明了发展中国家通过国际贸易获得的技术扩散效应表现出资本偏向性特征。

技术来源也会对技术进步的方向性产生影响，一些学者基于这一视角对偏向性技术进步开展了相关研究。沈春苗等（2019）[75]在发达国家核心技术和高科技领域存在技能偏向性特征的事实基础上，用固定效应和面板门槛模型实证检验中国企业"走出去"成效问题，结果表明，OFDI逆向技术溢出对国内技能偏向性技术进步产生了抑制效应。钟世川等（2018）[76]在国际贸易占比和FDI占比的视角下构建计量模型，探讨技术进步对就业增长的影响，结果显示，引入国际贸易占比和FDI占比两个因素后，中国制造业就业受到资本投入的抑制作用更强。李平等（2017）[77]验证了FDI加强了中国技术进步偏向资本的程度。李小平等（2019）[78]利用1999~2014年我国30个省区市的面板数据，采用数据包络分析法首先测算了各省区市的技术进步偏向指数，然后用技术进步偏向性指数对FDI回归发现，FDI显著地提高了各省区市的资本边际产出，FDI的技术溢出效应改变了我国的技术进步方向。王林辉等（2019）[79]认为FDI是技术进步偏向性跨国传递的重要渠道，构建了技术进步偏向性跨国传递模型，将美国对华FDI作为核心解释变量引入模型，结果发现美国对华FDI促进了中国技术进步偏向资本。

此外，也有学者研究发现，要素禀赋结构同样会对技术进步方向产生影响。戴天仕等（2010）[80]对中国的技术进步偏向指数进行估计，发现资本偏向性是中国从20世纪中后期以来的技术进步特征。他们指出这种有偏技术进步由两种原因导致：第一个原因是在中国工业化过程中，资本积累比劳动积累的速度更快；第二个原因是中国从发达国家引进技术所造成的影响，因为国外的技术偏向资本，中国引进后这种特征会在中国得到扩散。董直庆等（2016）[71]构建两部门技术进步偏向性国内传递模型，阐释了技术进步偏向性从发达国家向发展中国家的扩散机制，发现两国要素投入结构的不同导致了技术进步偏向性呈现强度以及方向的改变。蔺鹏等（2021）[81]利用标准化供给面系统法估算了1999~2017年中国35个工业行业的技术进步要素偏向性，发现工业技术进步总体表现为劳动、资本和能源增强型技术进步并存，且技术进步偏向于劳动使用、资本使用与能源节约。

2.3 对外直接投资对绿色价值链升级的影响

2.3.1 绿色价值链升级的内涵

关于全球价值链环境升级概念由 De Marchi 等（2013）[82]最早提出：即全球价值链的经济参与者向减少或避免从其产品、生产或管理中产生环境危害的生产系统移动的过程。这一概念是对全球价值链升级的扩展，将范围从产业、经济层面延伸至环境层面，强调嵌入全球价值链中的经济主体可能会促进环境保护，也可能损害环境。

全球价值链下产业升级带动绿色化的基本逻辑是实现从高污染、低附加值的粗放型产业向低污染、高附加值的知识技术密集型产业转型，实现产业从价值链低端到高端的跃迁（沈静等，2019）[4]。绿色价值链的本质是实现了建立在对环境保护和高效利用资源的基础上的竞争优势，即实现企业的绿色竞争力。企业绿色竞争力源于把环境冲击放进整个改善生产力和竞争力的流程中，发挥资源生产力，抵消或超越因节能减排所带来的成本；而绿色价值链的升级体现在企业绿色竞争力的提高上，在产业链的基础上大力发展绿色循环经济，在生产经营活动中依靠现代科技开发绿色产品或者进行绿色工艺改造，以节约资源和原料、减少废弃物排放、改善生态环境，来实现经济与环境协调发展（朱建峰等，2015[83]）。刘尧飞等（2020）[3]研究发现，在绿色政策激励以及我国生态文明建设和绿色发展相关的环境规制下，国内企业将逐步形成绿色、全面、完整的垂直分工体系，国内供应链和价值链将沿着绿色研发设计、绿色智能制造、绿色品牌营销的脉络完成绿色化转型，我国产业的全链式升级将从绿色技术创新、绿色工艺改进、绿色加工制造等方面进行，进而实现从低附加值向高附加值的转变及攀升。对于制造业而言，摆脱传统"三高"发展模式，提升"绿色基因"比率，加快制造业增长方式集约化、污染控制绿色化步伐是推进制造业绿色转型升级的核心要义（张峰等，2019[84]；侯建等，2021[85]）。肖皓等（2018）[86]认为由于制造业行业的差异性，参与全球价值链时有不同的发展规律和模式，应该从跟跑、并跑以及领跑等层面进行多维度分析。培养出口竞争力的目标不仅是提高行业自身的附加价值，还应考虑到减少排放量等环境问题，为绿色附加价值出口竞争塑造新的优势。

现有研究中关于绿色价值链重构路径的探讨，多侧重于微观层面的特定企业绿色价值链的构建问题。许晖等（2015）[87]采用双案例的研究方法，以化工企业的绿色生态位跃迁为主线，基于价值链重构的视角，探讨绿色生态位跃迁的理论框架，产生了两种不同的绿色生态位跃迁机制：前者通过对价值链内外部知识的整合实现绿色转型；后者通过整合价值链的上下游、横向纵向价值链的延伸发展自己的绿色能力。康健（2015）[87]认为针对具体的产品构建绿色价值链，要实现有效、灵活、低成本的产品供应过程，利用可持续的原材料、有效的外包加工和制造来提升产品绿色价值链，获得较强的竞争力。张翔（2015）[88]从出版企业的视角提出绿色价值链的重构与升级主要有以下三个趋势与途径：第一，价值链的业务定位。企业根据自身的经营状况确定价值链上自身最具比较优势的环节，集中力量培育并发展这种优势，把不具有优势的或非核心的一些环节分离出去。第二，价值链的模块整合。企业将自身价值链的某些环节与上下游或者外部利益相关者的价值链进行业务契合，采取与以往完全不同、效率更高的方式来设计、生产、分销或促销产品。第三，价值链的异质经营。旨为一种广泛进入和多渠道分配的非线性投入产出活动。简单来说是从业务定位、模块整合和异质经营三个方面进行调整，使企业能够在设计、生产、营销、交货等过程及辅助过程中，围绕低碳发展要求进行相分离的活动，从而获得绿色竞争优势，促进绿色价值链升级。

2.3.2 绿色价值链升级的影响因素

现有研究绿色价值链升级影响因素的成果相对较少，与本书研究密切相关的研究成果可划分为两类：一类是价值链升级的影响因素；另一类是制造业绿色转型的影响因素。

对于影响全球价值链升级的因素，现有文献大多从要素禀赋、技术进步、对外开放度、环境因素等角度进行了研究。Lin 等（2009）[89]研究发现发展中国家的产业升级必须与反映物质和人力资本积累的比较优势变化以及要素结构变化相一致，这样一来，新兴产业的企业才能确保自身的发展能力。李敦瑞（2018）[90]认为我国在新科技革命兴起的背景下依靠产业转移，优化要素供给，加强基础设施建设和社会治理创新水平有助于提高我国在全球价值链中的位置。林冰等（2021）[91]考察了技术创新对中国制造业全球价值链攀升的影响，其实证结果表明了制造业技术创新可以稳健地推动制造业全球价值链攀升，对于高层次嵌入全球价值链的制造业企业更具有提升意义，而对生产科技含量很低的产品的制造业提升作用不大。

技术进步是一国价值链升级的重要动力，基于此，多数文献研究了技术进步因素对于全球价值链升级的影响。宋培等（2021）[92]以中国为研究对象，实证检验绿色技术创新对制造业全球价值链升级的影响，研究表明，绿色技术创新与制造业全球价值链升级呈"U"形关系，即推动制造业全球价值链升级需要绿色技术创新跨越一定门槛才可实现。杨连星等（2021）[93]利用我国制造业跨国并购数据，分别在行业与国家层面对跨国并购逆向技术溢出对全球价值链升级的促进作用进行研究，发现不论是在行业层面还是国家层面，就发达国家的跨国并购对我国在全球价值链中实现升级均有显著的促进效应。从国际资本流动角度来看，王园园（2020）[94]通过构建中介效应模型，得出 FDI 对我国制造业价值链升级有促进作用，其中，FDI 对中高技术密集型行业的技术溢出效应最强。环境因素包括政府政策、基础设施等外部因素。吕越等（2020）[95]采用 2006~2014 年 42 个国家的双边贸易数据，研究发现提高经济便利化水平会显著促进各国在全球价值链国际分工地位的提升，尤其是"一带一路"沿线国家更为显著。

关于制造业绿色转型的影响因素，国内外学者的研究大多从技术创新、FDI、OFDI 等角度进行分析。

首先，部分研究针对技术创新对制造业绿色转型的影响进行了深入探讨。制造业企业作为损害生态环境的主要责任主体，依靠绿色技术创新实现绿色转型已经成为其必然选择（毕茜等，2019）[96]。Ghisetti 等（2014）[97]基于德国企业数据通过实证研究了绿色技术创新是否对企业竞争力产生明显影响，认为绿色技术创新能够有效降低生产成本，同时提高了企业的盈利能力。孙晓华等（2012）[98]构建欧洲多部门的环境产业模型，分析验证了绿色技术创新对绿色产业的发展具有明显的促进作用。绿色技术创新的发展在不牺牲经济利益的前提下，为社会提供了大量环境导向型的工业产品。由于绿色技术创新成果的转化和政策资金的支持，欧洲绿色产业发展迅速，逐步形成绿色产业链。岳鸿飞等（2017）[99]认为依靠技术创新实现绿色转型发展已成为我国工业未来发展的重点方向，并采用 SBM - DDF 方法确定了不同行业实现绿色转型的最优技术创新方式，产业结构优化升级的推动也受技术创新因素的影响。张莉（2020）[100]、原毅军等（2019）[101]从环境规制视角出发，全面分析了绿色技术创新对制造业转型升级的影响，发现严格的环境规制会促进企业进行绿色技术创新，绿色技术创新与制造业转型升级呈"U"形关系。

其次，众多学者认为 FDI 因素在推动制造业绿色转型中起到极其重要的作用。Fernandes（2012）[102]对智利制造业企业的实证研究发现，FDI 的流入可以通过技术进步推动制造业产业结构升级变革。李金凯等（2017）[103]基于外商投资企业"污染光环效应"理论，认为跨国公司的先进知识、技术和环境措施将促进国内企业采用绿色技术，提高东道国环境质量。赖永剑等（2021）[104]实证研究了清洁生产与异质性 FDI 溢出的协同效应对本土企业出口绿色技术复杂度的影响，结果表明，对于本土企业来说，清洁生产对其出口绿色技术复杂度呈现的正向作用较低，但本土企业出口绿色技术复杂度受到清洁生产与合资企业水平溢出的协同效应的影响从而显著提升了。谢宜章等（2021）[105]将环境规制、FDI、工业绿色发展三者纳入统一框架内进行研究，发现经济激励型环境规制与 FDI 的交互效应能明显促进工业绿色发展。徐晓慧等（2021）[106]基于 2003～2019 年长江经济带 11 个省区市面板数据实证检验了 FDI 和环境规制对长江经济带制造业产业结构升级的影响。

OFDI 作为国际资本流动的主要形式，受到了学术界的广泛关注，学者们也围绕 OFDI 对制造业绿色转型的影响进行了探究。王晓红等（2021）[107]选取我国 OFDI 和 FDI 的宏观统计数据，利用空间计量模型系统分析了 FDI、OFDI 对我国绿色全要素生产率（GTFP）的影响，发现前者对我国 GTFP 的影响在统计上并不显著，后者对我国 GTFP 具有一定的促进作用。张诚等（2018）[108]基于省级面板数据实证研究发现 OFDI 具有明显的逆向技术溢出效应，表明 OFDI 促进制造业的升级可以通过提高国内制造业的技术水平实现。

此外，其他学者也从劳动力素质、环境规制等其他可能影响制造业绿色转型的因素进行了分析。Autor（2013）[109]基于美国制造业行业数据实证研究，其结果表明劳动力的素质也是驱动制造业的结构升级的源泉之一。赵志军（2018）[110]的研究结果表明，环境规制通过促进技术创新从而促进产业结构转型升级，进而推动绿色制造。万攀兵等（2021）[111]考察了技术标准类环境规制对制造业企业绿色转型的影响及其内在机制，研究结果表明，制造业企业技术改造会受到环境技术标准的推动，进而实现兼顾污染排放强度降低和生产率提升的绿色转型。陈惠鹏等（2021）[112]以2011~2018年沪深A股上市制造企业为样本，探究环境税收优惠、创新要素流动与制造业企业绿色转型间的关系，结果表明，创新要素流动、环境税收优惠均对制造业企业绿色转型具有积极的促进效应。

总体来说，绿色价值链的攀升实际上是企业绿色竞争力的提升，从现有研究来看，其影响因素主要研究倾向于技术进步、对外开放（FDI、OFDI）以及政府政策等。其中，技术的进步对绿色价值链攀升有明显的推进作用，一个国家技术的革新进步一方面受到国内机构的影响，通过其自主的研究与发展提升本国的创新，这要求企业有较强的自主创新能力；另一方面也受益于对外贸易、FDI和OFDI等途径获取国际技术溢出。

2.3.3 对外直接投资对绿色价值链升级的影响

目前，已有OFDI与绿色价值链升级关系的研究成果相对有限，多数立足于不同视角针对OFDI与母国产业全球价值链升级及绿色生产问题进行了探究。

一方面，部分研究侧重于分析OFDI的全球价值链升级效应。OFDI的快速稳步发展，我国的进出口贸易和商品服务贸易不仅得到了有效提升，同时对我国企业融入全球生产网络起到了显著的促进作用，尤其是推动了我国全球价值链升级（田巍等，2017[113]；聂世坤等，2021[114]；余思勤等，2020[115]）。Cozza 等（2015）[116] 认为中国产业结构升级是由于中国对欧洲发达国家的投资提升了中国企业的劳动生产率。戴翔等（2018）[117] 发现 OFDI 能够有效促进中国制造业全球价值链分工地位的提升，"走出去"可以推动制造业生产环节迈向价值链系统中更高端的环节。余海燕等（2020）[118] 基于对投资主体的研究发现，发达经济体更能够有效促进 OFDI 活动，而在发展中国家中存在明显的两面性，当前我国价值链增加值的有效提高是由央企及单位的对外投资实现的。迟歌（2018）[119] 运用灰色关联理论就 OFDI 对全球价值链分工地位的影响进行研究发现，相比于资源丰裕型国家和发达国家，对新兴经济体及其他发展中国家投资产生的关联度更大，与价值链分工地位升级的关联度最强的是对科学研究和技术服务业进行的投资。刘源丹等（2021）[120] 具体分析了 OFDI 的逆向技术溢出效应促进全球价值链重构的渠道机制，分别从示范—模仿效应、人力资本流动效应、关联效应三个方面进行了阐释。

另一方面，一部分学者关注 OFDI 对母国产业绿色生产的可能影响。龚新蜀等（2017）[121] 基于集聚经济效应视角，通过联立方程模型实证检验发现，中国 OFDI 能通过集聚结构轻化效应、集聚规模经济效应和集聚资源配置效应三种机制，对工业绿色创新效率起到显著的促进作用，而绿色创新对于绿色价值链攀升有根本的影响，是推动绿色经济发展的动力和源泉。李国祥等（2016）[122] 通过在环境管制的前提下探讨研究 OFDI 的技术反馈效果发现，环境规制强度的增大逐步增强 OFDI 对国内绿色技术的改善效果，同时也发现高污染企业更加重视绿色技术的应用与革新。李夏玲等（2020）[123] 利用系统 GMM 估计方法研究 OFDI 对行业生产率的作用效果，结果发现既存在正向影响又存在行业差异，与服务业相比，制造业的 OFDI 更能提升母国生产率。龚新蜀等（2017）[121] 认为中国的绿色技术创新能够利用 OFDI 从结构、规模以及资源配置等三个方面的集聚进行改进，但是并没有体现出来技术反馈的正向作用。杨世迪等（2020）[124]运用门槛回归技术分析了OFDI逆向绿色创新价值链外溢效应，研究表明，OFDI既可以提升中国的区域绿色技术研发效率，又能提高绿色成果转化效率。李国祥等（2016）[122]、贾军等（2017）[125]将环境技术领域的专利研发数量作为企业绿色创新的衡量指标，实证结论也支持OFDI绿色技术溢出效应的存在，但是不同类型和不同区域的OFDI作用强度存在显著差别。制造业企业在对外投资活动中获得技术溢出后，不仅可以利用新技术提高产品质量以增强产品的市场竞争力，而且可以增强本企业本身的销售能力、研发能力以及科技创新力，从而帮助企业朝着产品高附加值的方向发展。通过产业关联机制、技术扩散机制，与这些对外投资企业相关联的企业也会在对外投资企业的影响下形成技术溢出，在产业竞争机制的作用下进而对竞争企业造成压力，带动整个产业链上所有企业进行产品技术创新，最终迅速提升母国制造业的研发能力和产品附加值以此来推动母国制造业价值链分工地位的提升，并使母国制造业从低端的组装、加工等价值链环节转向销售、研发等更高端的环节（卜伟等，2015）[126]。

2.4 文献述评

伴随着"走出去"战略的深入实施，OFDI逐渐成为中国企业参与全球竞争的主要方式，推动中国企业"走出去"，加强对外合作，统筹国内和国际市场将成为获取逆向技术溢出效应和新竞争优势的重要手段。在"逆全球化"的国际环境下，优化OFDI策略，充分利用其偏向性技术效应，成为推动我国制造业绿色价值链攀升的重要途径。本章通过梳理分析OFDI理论与绿色价值链理论等已有成果，尝试按照OFDI—偏向性技术进步—制造业绿色价值链分工地位的脉络，分析OFDI的发展对绿色价值链攀升产生的影响。

第 2 章 国内外文献综述

首先，OFDI 能够显著提高我国的绿色技术创新水平，通过逆向技术溢出引进先进技术，吸取国际创新资源并发挥国际绿色生产技术和生产管理经验的学习效应，改善母国绿色创新效率。并且，随着 OFDI 活动的持续，OFDI 对绿色生产率的提升效应越来越明显：与无研发投入的企业相比，OFDI 的"学习效应"在持续研发企业更加明显；当发达国家作为企业投资区位选择时，获取逆向技术溢出效应的可能性更大，发达国家的技术进步多偏向资本，因此对母国的技术溢出效应也具有偏向性特征。偏向性技术进步是驱动经济绿色低碳发展的重要引擎，特别是当技术进步偏向于较少使用资源环境要素时，能够带来经济绩效和环境绩效的双赢（杨翔等，2019）[127]。研发是企业从发达国家对外投资中获益的关键，且自主创新才是保证 OFDI 长期提升全要素生产率的关键。母国产业应根据自身的特色领域、竞争优势，以及所处的环境条件，对其海外投资动机进行准确定位，因此应该将 OFDI 的偏向性技术进步效应与本国绿色价值链攀升联系起来，分析两者间可能存在的影响路径。

其次，OFDI 活动对我国产业结构的积极影响是不容忽视的，其对产业结构的合理化和高级化均存在正向的影响作用，通过对传统落后产业的转移，扩展环保优势产业的生产空间，实现集约新兴产业的培育优化，提升工业绿色创新效率。OFDI 的逆向技术溢出吸收效应在不同行业会呈现不同的影响，大量研究认为制造业在对外投资活动中的产业升级效应最大，这主要是因为改革开放以来，我国通过学习、模仿、创新，引进了大量比较先进的科学技术，形成了一系列成熟、规范的生产技术体系，同时制造业门类齐全，辐射面积大，产业关联度高。因此，制造业可以通过各种方式影响国内产业的升级。同时，区域间投资活动的产业结构效应仍存在一定差距，国民经济各行业参与外国投资活动的程度不同，在产业选择和区位选择上会根据其主导产业有所侧重，从而影响国家整体产业结构水平，因而基于规模异质性与行业异质性角度分析 OFDI 对制造业绿色价值链的作用仍具有现实必要性。

　　本书在研究 OFDI 的技术进步偏向效应基础上，将 OFDI、偏向性技术进步、绿色价值链分工地位纳入一个分析框架，运用 CGE 模型模拟分析差异化 OFDI 政策与能源环境税政策组合政策对制造业绿色价值链分工地位的影响。

对外直接投资的偏向性
技术进步效应对制造业
绿色价值链攀升的
影响研究
Chapter 3

第3章 对外直接投资对制造业绿色价值链攀升的CGE模型构建

3.1 CGE 模型基本理论

可计算一般均衡模型（Computable General Equilibrium Model，CGE 模型）以一般均衡理论为构建依据，自 20 世纪 60 年代 Johanse 初步解决模型实际求解问题以来，经过长期发展与完善，逐渐成为学者们评估与分析能源环境、汇率波动、税收调整、国际贸易活动、工资变动等领域政策变化的重要工具之一。CGE 模型是瓦尔拉斯的一般均衡理论在实际经济问题上的应用，是一种包括供应和需求关系的全局经济模型，模型假设各微观经济主体生产、消费等选择行为取决于其能否实现效用（利润）最大化，在此基础上，通过定义变量与建立数学方程描述商品市场、要素市场等存在的生产与消费、供给与需求关系，并全面地反映出经济系统内各主体彼此间的作用与联系。与一般计量经济模型相比，CGE 模型的优点主要有：（1）一方面清晰呈现了微观层面生产者、消费者等的行为决策与相互关系；另一方面将宏观变量纳入模型，有利于厘清宏微观变量之间的关联。（2）CGE 模型考虑了经济系统中的全部经济活动，是一个全面性、系统性的研究，其中的经济变量是同时变动的，而其他一般计量方法通常是只考虑某些变量的变化或者影响，难以做到全面性评价。

CGE 模型中涉及的微观主体包括国内主体与国外部门两类，其中，国内主体涵盖了企业、居民以及政府部门，居民供应劳动力要素给市场，并从产品市场购买产品；企业根据利润最大化或者成本最小化原则，进行最优投入决策，从要素市场和产品市场分别获取劳动力、中间投入品，并将这些要素投入商品生产过程，最终将产出品在商品市场中出售；居民和企业都需向政府缴纳税金，政府反过来给产品市场投资及向居民转移支付重新分配工资。各经济主体以效用最大化为原则，做出最优选择，进而达到要素市场、产品市场等市场间的均衡状态。CGE 模型以价格作为联结要素市场、产品市场的有机纽带，系统考虑政府、企业等微观主体的经济选择，在所有市场达到均衡状态时，整个经济系统也随即达到协调统一的状态；当对模型施加外生冲击时，通过微观主体之间、微观变量与宏观变量之间的影响路径导致整个系统均会受到冲击。模型中要素、商品、收入和经济主体之间的关系如图 3-1 所示。

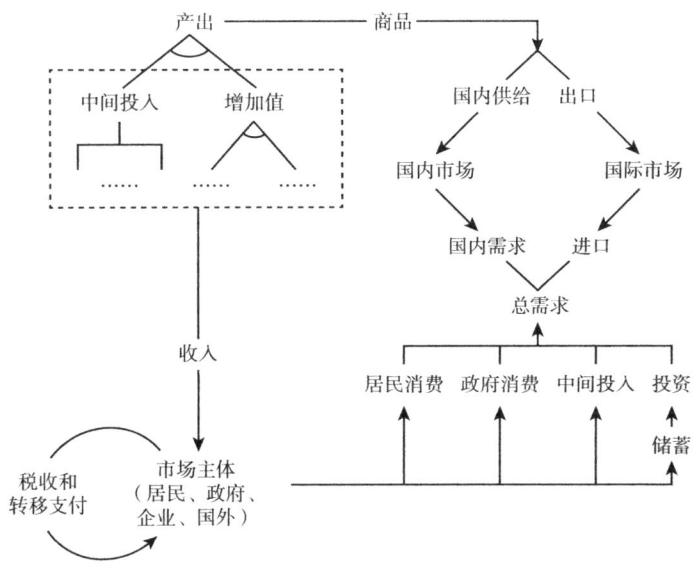

图 3-1 CGE 模型的构建框架

3.2 模型构建

本书参照张欣（2010）[128]、李元龙（2011）[129]、朱维娜（2020）[130]等的 CGE 模型构建方法，借鉴标准 CGE 模型的架构。首先，建立生产模块、贸易模块、经济主体模块、宏观闭合模块、动态模块等 5 个基础模块；其次，基于本书的研究目的，参考戴天仕（2010）[80]、李振洋等（2020）[131]的研究经验，增加 OFDI 的偏向性技术进步效应模块与制造业绿色价值链模块 2 个模块,最终,本书所构建的 CGE 模型由上述 7 个模块组成。

3.2.1 生产模块

在 CGE 模型中,生产模块假定每个生产部门只生产一种商品,生产部门通过劳动、资本、能源等要素来生产商品,并追求成本最小化,生产模块中需要解决的一个重要问题就是确定生产函数形式。生产函数描述了产业部门的产出量与要素需求量、中间产品投入量间的数学方程,成本最小化的约束条件意味着不同投入要素间的取舍关系取决于其价格关系。在经济学领域,常见的生产函数形式多样,如柯布—道格拉斯生产函数、不变替代弹性函数(CES 函数)、Leontief 生产函数等,出于对不同要素间的替代性以及中间投入品的多样性考虑,CGE 模型中通常采用 CES 函数和 Leontief 生产函数描述生产部门的产品生产活动,因此,本书参考通常做法,采用多层嵌套的 CES 生产函数与 Leontief 生产函数描述生产过程。图 3-2 为本书的生产模块框架图,表示一个部门的生产活动由四层嵌套的生产函数组成,该部门产出需要劳动力、资本、能源、中间品等投入生产过程实现。

第一层为总产出的 CES 生产函数,包括增加值投入与中间投入的合成,其中,增加值投入表示资本—能源—劳动力的聚合,中间投入是所有中间投入汇总在一起,得到的合成投入量。

总产出的 CES 函数:

$$QA_a = \alpha_a^a \cdot (\delta_a^a \cdot QVA_a^{-\rho_a^a} + (1 - \delta_a^a) \cdot QIA_a^{-\rho_a^a})^{-\frac{1}{\rho_a^a}} \tag{3-1}$$

成本最小化的最优要素投入:

$$\frac{QVA_a}{QIA_a} = \left(\frac{PIA_a}{PVA_a} \cdot \frac{\delta_a^a}{1 - \delta_a^a} \right)^{\frac{1}{1+\rho_a^a}} \tag{3-2}$$

生产活动产值:

$$PA_a \cdot (1 - ta_a) \cdot QA_a = PVA_a \cdot QVA_a + PIA_a \cdot QIA_a \tag{3-3}$$

第3章 对外直接投资对制造业绿色价值链攀升的 CGE 模型构建

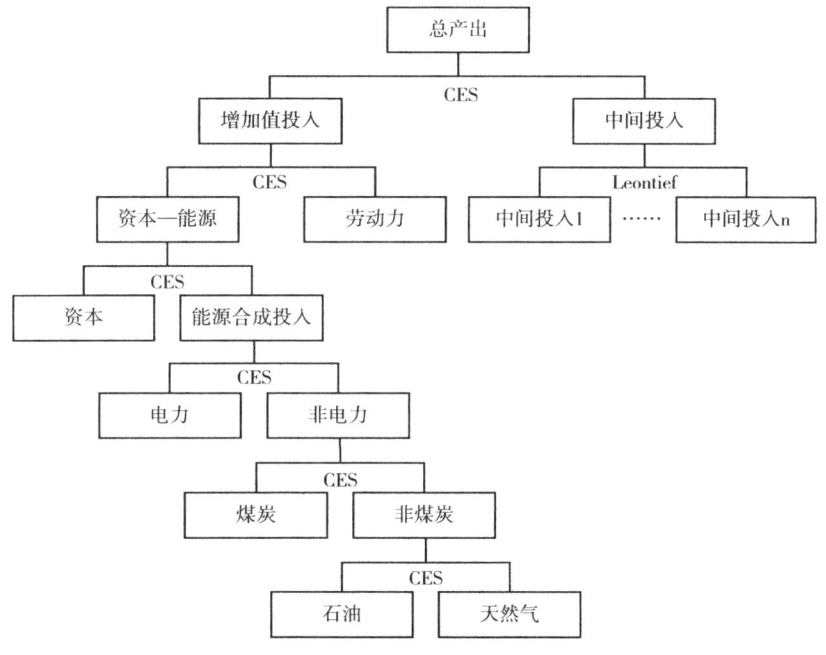

图 3-2 生产模块的嵌套

其中，QA、PA 分别为生产活动的产出量、价格，QVA、PVA 为增加值的投入量、加总价格，QIA、PIA 为商品的中间投入量、加总价格，α^a、δ^a、ρ^a 依次为总产出函数的技术参数、份额参数与指数参数，ta 为生产税率，下标 a、c 分别代表生产部门、商品，A 为生产部门集合，C 为产品集合。

第二层包括增加值和中间投入两个部分。增加值部分是劳动力和资本—能源合成品聚合的资本—能源—劳动合成品 CES 函数形式，为体现技术进步偏向性特征，即技术进步对要素的边际产出影响程度存在差异，借鉴戴天仕（2010）[80]、Acemoglu（2002）[132]、钟世川等（2018）[76]的研究方法，将反映偏向性技术进步的资本增强型技术进步（A_K）、劳动增强型技术进步（A_L）以及能源增强型技术进步（A_E）引入生产模块下的 CES 函数中。中间投入函数选择 Leontief 生产函数形式，主要原因在于中间投入品类别多样且一般认为彼此间不存在相互替代的可能性。

增加值投入的生产函数：

$$QVA_a = \alpha_a^v \cdot [\delta_a^v \cdot QKE_a^{-\rho_a^v} + (1-\delta_a^v) \cdot (A_L QL_a)^{-\rho_a^v}]^{-\frac{1}{\rho_a^v}} \quad (3-4)$$

成本最小化的最优要素投入：

$$\frac{QKE_a}{QL_a} = \left(\frac{WL_a}{PKE} \cdot \frac{\delta_a^v}{1-\delta_a^v} \cdot A_L^\rho\right)^{\frac{1}{1+\rho_a^v}} \quad (3-5)$$

价格关系：

$$PVA_a \cdot QVA_a = (1+tva_a)(PKE_a \cdot QKE_a + WL_a \cdot A_L QL_a) \quad (3-6)$$

其中，QKE、PKE表示资本—能源投入量、投入价格，QL、WL代表劳动投入量、投入价格，tva为增值税率，α^v、δ^v、ρ^v依次为增加值函数的技术参数、份额参数与指数参数。

中间投入价格：

$$PIA_a = \sum_c ica_{a,c} \cdot PQ_c \quad (3-7)$$

商品的中间投入量：

$$QI_{c,a} = ica_{c,a} \cdot QIA_a \quad (3-8)$$

其中，$QI_{c,a}$为生产活动a中c商品的中间投入量，PQ为商品的消费者价格，ica为生产活动中间投入的比例系数。

第三层为资本要素与能源合成品投入嵌套形成的CES函数。

资本—能源合成品投入的CES函数：

$$QKE_a = \alpha_a^{ke} \cdot [\delta_a^{ke} \cdot (A_K QK_a)^{-\rho_a^{ke}} + (1-\delta_a^{ke}) \cdot (A_E QEE_a)^{-\rho_a^{ke}}]^{-\frac{1}{\rho_a^{ke}}} \quad (3-9)$$

成本最小化约束下的要素投入：

$$\frac{QK_a}{QEE_a} = \left(\frac{PEE}{WK} \cdot \frac{\delta_a^{ke}}{1-\delta_a^{ke}} \cdot \frac{A_E^\rho}{A_K^\rho}\right)^{\frac{1}{1+\rho_a^{ke}}} \quad (3-10)$$

价格关系：

$$PKE_a \cdot QKE_a = PEE \cdot A_E QEE_a + WK_a \cdot A_K QK_a \quad (3-11)$$

其中，QK、WK为资本投入量、资本价格，QEE、PEE为能源合成品投入量、能源合成品价格，α^{ke}、δ^{ke}、ρ^{ke}依次为资本—能源聚合

第3章 对外直接投资对制造业绿色价值链攀升的CGE模型构建

投入CES函数的技术参数、份额参数与指数参数。

第四层是多种类型能源要素的嵌套聚合,包括煤、石油、天然气、电力。首先,电力和非电力能源(煤、石油、天然气)通过CES函数合成能源投入束;其次,煤与非煤能源(石油、天然气)继续以CES形式嵌套形成非电力能源;最后,是对非煤能源的表示,即石油和天然气通过CES函数合成的油气投入。

能源合成品投入的CES嵌套函数:

$$QEE_a = \alpha_a^{ee} \cdot (\delta_a^{ee} \cdot QECN_a^{-\rho_a^{ee}} + (1 - \delta_a^{ee}) \cdot QEC^{-\rho_a^{ee}})^{-\frac{1}{\rho_a^{ee}}} \quad (3-12)$$

满足成本最小化的要素投入:

$$\frac{QECN_a}{QEC_a} = \left(\frac{PEC}{PECN} \cdot \frac{\delta_a^{ee}}{1-\delta_a^{ee}}\right)^{\frac{1}{1+\rho_a^{ee}}} \quad (3-13)$$

价格关系:

$$PEE \cdot QEE_a = PEC \cdot QEC_a + PECN \cdot QECN_a \quad (3-14)$$

其中,QECN、PECN为非电能源投入量、非电能源价格,QEC、PEC为电力投入量、电力价格,α^{ee}、δ^{ee}、ρ^{ee}依次为能源合成投入函数的技术参数、份额参数与指数参数。

非电能源聚合投入的CES函数:

$$QECN_a = \alpha_a^{ecn} \cdot (\delta_a^{ecn} \cdot QCON_a^{-\rho_a^{ecn}} + (1 - \delta_a^{ecn}) \cdot QCO^{-\rho_a^{ecn}})^{-\frac{1}{\rho_a^{ecn}}}$$

$$(3-15)$$

非电能源聚合投入的最优要素投入:

$$\frac{QCON_a}{QCO_a} = \left(\frac{PCO_a}{PCON} \cdot \frac{\delta_a^{ecn}}{1-\delta_a^{ecn}}\right)^{\frac{1}{1+\rho_a^{ecn}}} \quad (3-16)$$

非电能源聚合投入的价格关系:

$$PECN \cdot QECN_a = PCON \cdot QCON_a + PCO_a \cdot QCO_a \quad (3-17)$$

其中,QCON、PCON为非煤能源投入量、非煤能源价格,QCO、PCO为煤炭投入量、煤炭价格,α^{ecn}为非电能源聚合投入生产函数的技术参数,δ^{ecn}、ρ^{ecn}分别为非电能源投入函数的份额参数与指数参数。

石油—天然气聚合投入的CES函数:

$$QCON_a = \alpha_a^{og} \cdot (\delta_a^{og} \cdot QOI_a^{-\rho_a^{og}} + (1 - \delta_a^{og}) \cdot QGA_a^{-\rho_a^{og}})^{-\frac{1}{\rho_a^{og}}} \quad (3-18)$$

石油—天然气的最优要素投入：

$$\frac{QOI_a}{QGA_a} = \left(\frac{PGA}{POI} \cdot \frac{\delta_a^{og}}{1 - \delta_a^{og}} \right)^{\frac{1}{1+\rho_a^{og}}} \quad (3-19)$$

价格关系：

$$PCON \cdot QCON_a = POI \cdot QOI_a + PGA \cdot QGA_a \quad (3-20)$$

其中，QOI、POI 为石油投入量、石油价格，QGA、PGA 为天然气投入量与价格，α^{og}、δ^{og}、ρ^{og} 依次为石油—天然气聚合投入函数的技术参数、份额参数与指数参数。

3.2.2 贸易模块

本书构建的 CGE 模型建立在开放经济条件下，需要将一般意义上的国际贸易活动反映在模型构建中，因此建立贸易模块表示商品的进出口行为，同时假设我国是"小国"，进出口数量不会影响到世界市场上商品价格波动，是被动的价格接受者，商品进出口价格及汇率换算完全由世界市场决定。图 3-3 反映了贸易模块中商品的供给来源与需求去向。一方面国内各部门生产的产品总产出，一部分用于供给国内居民、政府等主体，另一部分用于出口；该过程通常采用 CET 常转换弹性函数将国内总产出分配到国内市场和出口到国际市场。另一方面，国内消费的商品由国内生产的商品和进口商品组成；该过程

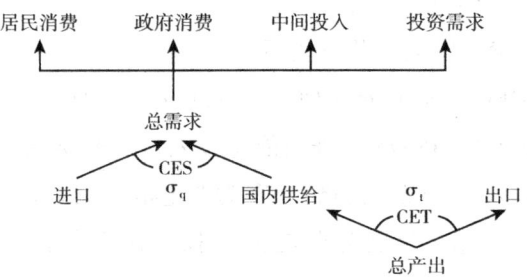

图 3-3 贸易模块中商品的供求关系

第3章 对外直接投资对制造业绿色价值链攀升的CGE模型构建

依据 Armington 假设将国内消费商品分为国内商品和进口商品，这两种商品间存在不完全替代关系，由 CES 函数来表示这两类商品的合成。

国内厂商生产的产品一部分在国内市场销售，另一部分用于满足出口需求，销往国外市场，用 CET 函数来表示国产产品在内销产品和出口产品间的分配关系：

$$QX_c = \alpha_c^t \cdot (\delta_c^t \cdot QE_c^{\rho_c^t} + (1 - \delta_c^t) \cdot QD_c^{\rho_c^t})^{\frac{1}{\rho_a^t}} \tag{3-21}$$

生产部门产品内销和出口的最优数量比例为：

$$\frac{QE_c}{QD_c} = \left(\frac{PE_c}{PD_c} \cdot \frac{1-\delta_c^t}{\delta_c^t}\right)^{\frac{1}{\rho_c^t - 1}} \tag{3-22}$$

以内销商品和出口商品的需求量作权数，可以构造国产产品的加权价格：

$$PX_c \cdot QX_c = PD_c \cdot QD_c + PE_c \cdot QE_c \tag{3-23}$$

出口价格则是由国际市场价格及汇率共同决定：

$$PE_c = pwe_c \cdot (1 - te_c) \cdot ER \tag{3-24}$$

其中，QX、PX 分别为商品的总产出量、生产者价格；QD、PD 为生产部门产品的国内市场需求量、生产者价格；QE、PE 依次为商品的出口量及出口价格；pwe 表示出口商品的世界价格，te 为商品的出口税率，ER 表示汇率。α^t、δ^t、ρ^t 分别为国内产出分配 CET 函数的技术参数、份额参数和指数参数。

国内市场上可供消费的商品，除了直接由国内生产者供给的外，还应包括由国外部门提供的进口商品，并且两类商品之间存在不完全的替代关系，CGE 模型中的这种不完全替代关系通常用 Armington 假设来限定，两类商品通过 CES 函数合成国内市场上的总产品需求。

国内市场商品消费的 CES 函数反映了国产内销商品与进口商品之间的差异和替代关系：

$$QQ_c = \alpha_c^q \cdot [\delta_c^q \cdot QM_c^{-\rho_c^q} + (1 - \delta_c^q) \cdot QD_c^{\rho_c^q}]^{-\frac{1}{\rho_c^q}} \tag{3-25}$$

商品的国内生产和进口数量分配受其相对价格变化的影响，这是由成本最小化的一阶条件决定的：

$$\frac{QM_c}{QD_c} = \left(\frac{PD_c}{PM_c} \cdot \frac{\delta_c^q}{1-\delta_c^q}\right)^{\frac{1}{1+\rho_c^q}} \quad (3-26)$$

国内市场的商品供应价格为 PD 和 PM 的加权平均数：

$$PQ_c \cdot (1 - tq_c) \cdot QQ_c = PD_c \cdot QD_c + PM_c \cdot QM_c \quad (3-27)$$

国际价格、汇率和关税决定了来自国际市场的进口商品价格：

$$PM_c = pwm_c \cdot (1 + tm_c) \cdot ER \quad (3-28)$$

其中，QQ、PQ 分别为国内市场商品的总供给量、销售价格；QM、PM 依次为商品的进口量及进口价格；pwm 表示进口商品的世界价格，tq、tm 分别为商品消费税率和进口税率，ER 表示汇率。α^q、δ^q、ρ^q 分别为总消费 CES 函数的技术参数、份额参数和指数参数。

3.2.3 经济主体模块

这一模块用数学方程刻画了 CGE 模型中的居民、企业、政府和国外四类经济主体的收入来源以及消费需求等，并参照常规处理方法将居民进一步划分为两种类型：城镇和农村。

居民遵循效用最大化的原则，收入主要来源于资本报酬、工资、转移支付等，并将其可支配收入在符合预算约束的前提下，在多种商品消费组合中选出自身境况最优的一组，从而确定商品种类组合及消费量。

要素收入与转移支付组成了居民的收入来源：

$$YH = WL \cdot QLS + shif_{hk}WK \cdot QKS + transfr_{hgov} + transfr_{hent} + transfr_{hrow}$$
$$(3-29)$$

居民的消费决策采用柯布—道格拉斯函数刻画：

$$PQ_c \cdot QH_{c,h} = shrh_c \cdot mpc \cdot (1 - tih) \cdot YH \quad (3-30)$$

其中，YH 为居民总收入，QLS、OKS 表示劳动投入、资本投入，

shif_{hk} 代表居民资本要素收入比例，transfr_{hgov}、transfr_{hent}、transfr_{hrow} 依次表示政府、企业、国外部门对居民的转移支付。QH 表示居民对各类商品的消费量，shrh 代表消费份额，mpc 为消费倾向，tih 为居民所得税税率。

首先，企业收入由两部分组成：一是资本要素报酬，二是来自政府的转移支付。其次，企业收入扣除应向政府缴纳的所得税和对居民部门的转移支付总额后的部分，即为企业储蓄，YENT、QENT 分别为企业收入及储蓄，shif_{entk} 为企业的资本要素报酬占比，ti_{ent} 为企业所得税税率。

$$YENT = shif_{entk} \cdot WK \cdot QKS + transfr_{ent,gov} \quad (3-31)$$

$$ENTSAV = (1 - ti_{ent}) \cdot YENT - \sum_{h} transfr_{hent} \quad (3-32)$$

政府是 CGE 模型中的一个关键主体，具体而言，政府作为宏观政策的制定者和实施者，其做出的宏观调控举措和政策调整会直接影响到整个经济系统的运行，通常以改变外生变量的方式引入 CGE 模型中；此外，描述政府行为主要是利用建立数学等式来反映政府的收支情况。

增值税、所得税、关税、生产税等各种税收总额以及来自国外部门的转移支付共同构成政府收入：

$$YG = VTAX + ATAX + MTAX + TIH + transfr_{gov,row} \cdot ER \quad (3-33)$$

政府在充当宏观调控主体的同时，也是市场上的消费者，支出主要用于商品消费、对企业与居民的转移支付：

$$EG = \sum_{c} PQ_{c} \cdot QG_{c} + \sum_{i} trnsfr_{i,gov} \cdot CPI \quad (3-34)$$

其中，YG、EG、QG 分别为政府收入、总支出、消费需求，VTAX 为增值税总额，ATAX 为生产税总额，MTAX 为进口关税，TIH 代表所得税，transfr_{gov,row} 为国外对政府的转移支付。

3.2.4 宏观闭合模块

闭合模块设置是 CGE 模型可解的前提，保证整个宏观经济达到均衡状态，需要满足：要素与商品市场出清、投资—储蓄平衡、政府收支平衡及国际收支平衡。宏观闭合规则是对均衡模块中内生参数和外生参数进行设置，一般情况下，较常用的包括新古典主义、凯恩斯、Johansen、Kaldorian 宏观闭合。新古典主义闭合规定要素和商品价格由模型内生决定，而要素供应量为外生变量，等于相应的要素禀赋，暗含着劳动力实现充分就业或资本得到充分利用，这一闭合规则也是学术界应用 CGE 模型最常用的规则之一，以发展中国家为研究对象的 CGE 模型也较多使用新古典主义闭合。凯恩斯闭合规定要素价格为外生变量，劳动力需求量为内生变量，通过劳动力的不断调整影响到资本市场，直到实现均衡状态。Johansen 闭合达到均衡的规则是将政府支出作为内生变量处理，同时设定投资水平为外生变量。最后的 Kaldorian 闭合突出收入分配的作用，通过收入再调整进而影响系统中的投资储蓄，而不再局限于实现要素市场最优。基于我国现状与相关研究成果，本书采用学术界运用较多的新古典主义闭合规则完成宏观闭合模块的构造。

实现要素市场均衡的条件是各部门要素供给量等于要素需求量。

劳动力市场出清：

$$\sum_a QLD_a = QLS \tag{3-35}$$

资本市场出清：

$$\sum_a QKD_a = QKS \tag{3-36}$$

商品市场均衡须满足各种商品总需求等于总供给：

$$QQ_c = \sum_a QI_{c,a} + \sum_h QH_{c,h} + QG_c + QINV_c + qsto_c \tag{3-37}$$

在投资—储蓄平衡中，总投资等于总储蓄，储蓄是收入和支出的差值。式（3-38）是投资—储蓄的平衡等式，其中的 WALRAS 表示瓦尔拉斯虚拟变量，在等式中所起的作用是保证模型中的方程个数与变量数量相一致，保证模型能够得到均衡解。当经济系统实现均衡时，WALRAS 变量应该等于 0。

第3章 对外直接投资对制造业绿色价值链攀升的 CGE 模型构建

$$\sum_i (1 - mpc) \cdot (1 - ti_h) \cdot YH_i + ENTSAV + GSAV + FSAV \cdot ER$$
$$= \sum_c PQ_c \cdot QINV_c + WALRAS \qquad (3-38)$$

政府收支平衡：

$$YG = EG + GSAV \qquad (3-39)$$

在国际收支平衡中，国外投资等于国外储蓄，储蓄由收入支出产生。国外收入主要包括中国进口商品价值量、政府对国外的转移支付收入等；国外支出主要包括中国出口产品价值量等；国外收入和国外支出的差额形成国外储蓄：

$$\sum_c pwm_c \cdot QM_c + \sum_i trnsfr_{row,i}$$
$$= \sum_c pwe_c \cdot QE_c + \sum_i trnsfr_{i,row} + FSAV \qquad (3-40)$$

3.2.5 动态模块

CGE 的动态模块是为模拟多时期的经济，研究各经济变量未来的变动趋势而引入的。动态 CGE 模型一般有两种类型：跨期动态模型和递归动态模型。跨期动态指各个主体基于对未来价格预期来决定自己行为决策，对数据要求比较高，在很多情况下对计算结果不敏感。因此，目前有关动态 CGE 模型，采用跨期动态模型较少。递归动态模型首先利用数学函数描述多时期之间模型变量之间的关系，在静态模型基础上，设定必要的变量和参数完成动态模块的构建，各个经济主体根据已有的外生条件来进行行为决策，反复迭代调整，逐期进行。与跨期动态模型相比，需要的数据条件相对容易实现，因此，本书采用递归动态完成动态模块的构建：首先，借鉴标准 CGE 模型的动态机制，对资本积累和劳动力两种关键投入要素的动态变化进行设定；其次，根据本书的研究目的，对模型中涉及的全要素增长率、OFDI 水平等其他重要外生变量进行设定，这部分内容将在本书的第 6 章中具体进行阐释。

当期资本存量会受到当期新增投资、上一时期的资本存量以及资本折旧率的共同影响，式（3-41）表示当期资本存量的变化，在模型中，资本要素会由回报率低的部门流向回报率相对较高的部门。

$$K_{t+1} = (1-r) \cdot K_t + EINVN_t \tag{3-41}$$

其中，K_t、K_{t+1}分别为当期及下一期资本存量，r为资本折旧率，$EINVN_t$为当期新增资本量。

$$pop_{u,t+1} = pop_{u,t} \cdot (1 + g_t^{pop}) \cdot (1 + g_t^{urb}) \tag{3-42}$$

在新古典主义宏观闭合条件下，劳动增长率外生给定，其增长将带来家庭消费需求水平和收入结构的变化，主要由课题第6章中提到的人口增长率给定。

$$pop_{t+1} = pop_t \cdot (1 + g_t^{pop}) \tag{3-43}$$

其中，pop_t为当期的劳动力数量，pop_{t+1}为下一期的劳动力数量，g_t^{pop}为劳动力增长率。

基于上述动态机制构建的 CGE 模型，通过逐期迭代运行能够得到模拟期内每一年的模型变量均衡解，在无外界干扰下，实现对一定时期内的经济发展状况进行动态模拟与预测评估。当施加外生冲击后，能够再次模拟得到均衡解，与未受到冲击前进行比较，可以得到外生冲击造成的有关变量的变化情况。

3.2.6 OFDI的偏向性技术进步效应模块

本书旨在探讨 OFDI 能否通过偏向性技术进步效应促进制造业绿色价值链攀升，因此，本模块重点从理论上分析 OFDI 与偏向性技术进步的内在联系。当前，我国在加快推动全面开放新格局形成的同时，OFDI 也已进入黄金时期，呈现出良好的态势。在"走出去"不断深入推进过程中，国内企业积极投身全球投资市场，特别是主动推进面向发达国家的跨国投资活动，通过采取海外直接投资、跨国并购、投资设厂、联合研发等多种形式，以人员流动、技术环节对接等

第3章 对外直接投资对制造业绿色价值链攀升的 CGE 模型构建

环节联结实现先进要素与研发要素的跨国传递，极大地提高了我国企业接触发达国家高新技术的可能性，进一步激发了 OFDI 逆向技术溢出效应的发挥，成为促进我国企业吸收国际技术溢出、提高技术创新能力、推动技术进步的重要外部推动力。然而，在重视技术进步的同时，也需要关注技术进步的方向。某些情况下，并非技术进步都是中性的，技术进步对劳动、资本等要素产生的影响也并非对等的，即技术进步存在偏向性。Hicks 认为技术进步会引致某一要素的边际产出提高，改变要素之间的边际技术替代率，那么就称技术进步偏向于该要素。尤其是随着全球经济联系不断加强，要素流动性不断提高，发达国家的技术进步方向除了受到自身要素禀赋结构的刚性约束外，还可能受到来自国际间技术扩散与吸收效应的影响（王林辉等，2019）[79]。对于发达国家而言，往往占据着世界高新尖技术领域的领先地位，国内技术创新活跃且多带有资本和技能密集型的特点。而我国制造业作为 OFDI 活动中的重要参与行业，可以由此获取和吸收来自发达国家的先进技术，有利于节省研发成本、缩短研发周期，在一定程度上也规避了创新失败的风险，能够较快推动行业整体技术水平的提升。但是，技术创新有其外部性，我国制造业在获益于 OFDI 带来的技术进步优势的同时，也不可避免地会受到发达国家的技术进步方向的影响，技术进步偏向属性也可能伴随 OFDI 技术溢出渠道实现空间传递（王林辉等，2019[79]；潘文卿等，2017[133]）。

借鉴戴天仕等（2010）[80]的研究，本书构造偏向性技术进步指数来测度我国制造业的技术进步偏向性水平，采取如 CES 生产函数形式：

$$Y = F(A_K K, A_L L, A_E E) = \left(\alpha (A_K K)^{\frac{\theta-1}{\theta}} + \beta (A_L L)^{\frac{\theta-1}{\theta}} + (1-\alpha-\beta)(A_E E)^{\frac{\theta-1}{\theta}} \right)^{\frac{\theta}{\theta-1}} \quad (3-44)$$

其中，K、L 和 E 分别表示资本、劳动力和能源要素投资，A_K、A_L 和 A_E 分别为资本效率、劳动力效率和能源效率，即资本增进型技术进步、劳动增进型技术进步和能源增进型技术进步。根据戴天仕和徐现祥（2010）[80]的研究，本章将资本要素技术进步偏向性指数 D^K 和能源要素的技术进步偏向性指数 D^E 分别定义为：

$$D_{it}^K = \frac{1}{(MP_K/MP_L)} \frac{\partial(MP_K/MP_L)}{\partial(A_K/A_L)} \frac{d(A_K/A_L)}{dt} = \frac{\theta-1}{\theta} \frac{A_{L,it}}{A_{K,it}} \frac{d(A_{K,it}/A_{L,it})}{dt}$$

$$D_{it}^E = \frac{1}{(MP_E/MP_L)} \frac{\partial(MP_E/MP_L)}{\partial(A_E/A_L)} \frac{d(A_E/A_L)}{dt} = \frac{\theta-1}{\theta} \frac{A_{L,it}}{A_{E,it}} \frac{d(A_{E,it}/A_{L,it})}{dt}$$

(3-45)

本模块用计量方法实证检验 OFDI 对制造业偏向性技术进步水平的影响程度，通过模拟 OFDI 不同水平的变动，所引起的 CGE 模型生产模块中的技术进步参数的变动（资本增强型技术进步 A_K、劳动增强型技术进步 A_L 和能源增强型技术进步 A_E），进而间接模拟 OFDI 对绿色价值链分工地位的影响。

3.2.7 制造业绿色价值链模块

在绿色发展背景下，实现绿色价值链升级是制造业突破"低端锁定"和实现可持续发展双重目标的重要途径。本模块主要对绿色价值链分工地位的测度进行基本说明。传统价值链分工地位测度基于出口产品价格、出口技术复杂度、增加值贸易核算法等展开，考虑到制造业细分行业增加值难以获取以及 CGE 模型可得到的变量模拟结果，本模块采用 Hausman（2007）[12]提出的出口技术复杂度作为衡量制造业价值链分工地位的指标；进一步地，结合绿色价值链兼顾经济效益、生态价值、社会价值的要求，参考李振洋等（2020）[131]、殷宝庆等（2021）[134]的做法，构造行业层面的绿色出口技术复杂度来测度制造业绿色价值链分工地位。

借鉴 Hausmann 等（2007）[12]、韩亚峰等（2018）[135]、李强等（2013）[136]的做法，分别构造产品层面和行业层面的制造业出口技术复杂度：

第3章 对外直接投资对制造业绿色价值链攀升的CGE模型构建

$$PRODY_K = \sum_j \frac{x_{jk}/X_j}{\sum_j x_{jk}/X_j} Y_j \tag{3-46}$$

$$ESI_{ji} = \sum_k \frac{x_{jk}}{X_{ji}} PRODY_k \tag{3-47}$$

其中，$PRODY_k$ 和 ESI_{ji} 分别表示产品和行业的出口复杂度，k 表示产品，j 表示国家或地区，i 表示产业，x_{jk} 表示 j 国 k 产品的出口值。X_j 表示 j 国所有产品出口总额，X_{ji} 表示 j 国 i 产业产品出口总额。Y_j 表示一国或地区人均 GDP。

基于绿色价值链包含的绿色价值和社会价值考量，将绿色测算指标引入行业出口复杂度，构造绿色行业技术复杂度指标。考虑到制造业细分行业的增加值与污染物排放数据未有相关统计资料，再加上CGE 模型可实现模拟的变量结果限制，借鉴李振洋等（2020）[131]的做法，引入绿色制造业增加值的概念，将环境治理成本纳入核算体系，即将出口技术复杂度中的人均 GDP Y_j 替换为人均绿色制造业增加值 AGGMIAV，结合已有指标计算方法，绿色制造业增加值表示为：

$$绿色制造业增加值 = 制造业增加值 - 污染治理成本 \tag{3-48}$$

因此，绿色行业出口技术复杂度计算公式为：

$$GESI_{ji} = \frac{X_{ji}/MISOV_{ji}}{X_j/MISOV_j} AGGMIAV \tag{3-49}$$

其中，X_j 表示 j 国所有产品出口总额，X_{ji} 表示 j 国 i 产业产品出口总额。$MISOV_j$ 为 j 国制造业销售产值，$MISOV_{ji}$ 为 j 国 i 制造业销售产值。

3.3 社会核算矩阵的构建

3.3.1 社会核算矩阵的基本结构

社会核算矩阵（Social accountingmatrix，SAM 表），是一个囊括

生产中投入产出关系、要素收入分配、经济主体收入分配与消费等信息的矩阵，是 CGE 模型的数据基础。SAM 表在常见投入产出表基础上做了补充与拓展：与投入产出表类似，SAM 表可以清晰地表现出国民经济中各个生产部门之间的相互关联；此外，SAM 表也包含居民、企业等经济主体之间的关系以及不同部门（经济主体）的生产要素需求、商品需求等，较投入产出表能够提供更多关于经济系统的信息。SAM 表是一个矩阵，每一行代表该行账户从其他账户获得的收入，每一列代表该列对其他账户的支出。CGE 模型数据运行的基本要求是保证 SAM 表对应各账户收支总和平衡，也就是满足行的加总与列的加总对应相等。

标准的 SAM 表一般含生产活动、商品、要素、居民、企业、政府、储蓄—投资、国外 8 个主要账户（张欣，2010）[128]，是对各账户价值量的统计。生产活动账户反映了生产过程中涉及的费用，包括各类中间投入品与原材料成本、要素成本等。商品账户用于统计各部门的产出品产值，各部门商品价格以市场价格为准。要素账户包括资本收益与劳动收益。居民账户通常描述了城镇与农村居民的要素收入、转移支付等收入来源与支出去向。企业账户、政府账户分别是对企业收支、政府收支状况的具体说明。储蓄—投资账户刻画了固定资本形成、储蓄来源以及当期存货的净变动，可以根据研究目的拆分开，用于一些宏观问题的分析。最后，国外账户用以反映国际间的外汇收入及支出。

3.3.2 社会核算矩阵的编制

（1）部门划分。

本书的 SAM 表共设置生产、商品、要素（劳动与资本）、居民（城镇与农村）、企业、政府、储蓄—投资、国外、存货 9 个账户，同时为准确界定 SAM 表的统计范围，全面反映制造业的发展情况，以

第3章　对外直接投资对制造业绿色价值链攀升的CGE模型构建

表 3-1　社会核算矩阵（SAM表）的基本结构

		生产活动	商品	要素		家庭		企业	政府	储蓄—投资		国外	加总
				劳动	资本	农村	城镇			储蓄	存货		
生产活动			总产出										总产出
商品		中间投入				农村居民最终消费	城镇居民最终消费		政府消费	投资需求	存货变动	出口	总需求
要素	劳动	劳动收益											劳动总收入
	资本	资本收益											资本总收入
家庭	农村			农村劳动收入	资本收入			企业对农村居民转移支付	政府对农村居民转移支付			国外转移支付	农村居民总收入
	城镇			城镇劳动收入	资本收入			企业对城镇居民转移支付	政府对城镇居民转移支付			国外转移支付	城镇居民总收入
企业					企业盈余				政府对企业转移支付				企业总收入
政府		生产税	关税			农村居民所得税	城镇居民所得税	企业所得税				国外对政府的转移支付	政府总收入

续表

	生产活动	要素		家庭		企业	政府	储蓄—投资		国外	加总
	商品	劳动	资本	农村	城镇			储蓄	存货		
储蓄—投资 储蓄			资产折旧	农村居民储蓄	城镇居民储蓄	企业储蓄	政府储蓄			国外储蓄	总储蓄
存货								存货变动			存货变动
国外	进口	劳动报酬	国外投资收益								外汇流入
加总	总投入	总供给	资本总收益	农村居民总支出	城镇居民总支出	企业总支出	政府总支出	总投资	存货变动	外汇流出	

第3章 对外直接投资对制造业绿色价值链攀升的 CGE 模型构建

国家统计局发布的最新 2018 年 153 个部门投入产出表为数据基础，首先参照 2017 年 42 部门中国投入产出表对相关行业进行合并整理为常用的 42 个部门投入产出表，再参考已有相关研究的处理方法（郭正权，2014[137]；娄峰，2015[138]），对照中国能源统计年鉴（能源平衡表）等其他统计资料的部门分类，结合本书的研究内容，对 42 个部门作进一步的拆分与合并，最终将 SAM 表中生产账户和商品账户细化分为 22 个部门，其中包括 3 个能源部门和 9 个制造业部门。表 3-2 为 SAM 表详细行业分类。

表 3-2　　　　　　SAM 表行业划分

SAM 表行业划分及编号	投入产出表行业分类及代码
1 农业	01 农林牧渔产品和服务
2 煤炭采选业	02 煤炭采选产品
3 石油开采业	03 石油和天然气开采产品
4 天然气开采业	03 石油和天然气开采产品
5 采掘业	04 金属矿采选产品； 05 非金属矿和其他矿采选产品
6 食品制造业	06 食品和烟草
7 纺织、缝纫及皮革产品制造业	07 纺织品 08 纺织服装鞋帽皮革羽绒及其制品
8 石油、炼焦及核燃料加工品	11 石油、炼焦产品和核燃料加工品
9 化学工业	12 化学产品
10 非金属矿物制品业	13 非金属矿物制品
11 金属产品制造业	14 金属冶炼和压延加工品； 15 金属制品
12 通信及电子设备制造业	20 通信设备、计算机和其他电子设备
13 交通及专业设备制造业	16 通用设备； 17 专用设备； 18 交通运输设备； 19 电气机械和器材

续表

SAM 表行业划分及编号	投入产出表行业分类及代码
14 其他制造业	9 木材加工品和家具； 10 造纸印刷和文教体育用品；
15 电力、热力生产供应业	24 电力、热力生产和供应；
16 蒸汽、水生产供应业	25 燃气生产和供应； 26 水的生产和供应
17 运输邮电业	29 交通运输、仓储和邮政
18 商业饮食业	28 批发和零售； 30 住宿和餐饮
19 科教文卫及公共管理行业	39 教育； 40 卫生和社会工作； 41 文化、体育和娱乐； 42 公共管理、社会保障和社会组织
20 金融保险业	32 金融
21 建筑业	27 建筑
22 其他服务业	22 其他制造产品和废品废料； 23 金属制品、机械和设备修理服务； 31 信息传输、软件和信息技术服务； 33 房地产； 34 租赁和商务服务； 35 研究和试验发展； 36 综合技术服务； 37 水利、环境和公共设施管理； 38 居民服务、修理和其他服务

（2）数据来源。

SAM 表编制的主要数据来源是国家统计局公布的中国投入产出表，投入产出表根据国务院办公厅发布的《关于进行全国投入产出调查的通知》，根据规定每 5 年（逢 2、逢 7 年份）进行一次全国投入产出调查，编制全新的投入产出表；逢 0、逢 5 年份编制全国投入产出延长表，本书构建的 SAM 表从 2018 年《中国投入产出表》汇总整理得到生产、商品以及要素等账户的数据，所得税、关税、转移支付等数据通过《中国统计年鉴》《中国财政年鉴》《中国金融年鉴》

第3章 对外直接投资对制造业绿色价值链攀升的CGE模型构建

和国家统计局等统计网站搜集与整理,SAM各账户具体数据来源如下。

单元格名称(行账户说明,列账户说明),维度。

中间投入(产品分配,生产活动),22×22。数据来源于2018年I/O表中的"中间使用项"的数值。

劳动力工资(劳动力,生产活动),1×22。数据来源于2018年I/O表中的"劳动者报酬"的数值。

资本收益(资本,生产活动),1×22。通过分别加总I/O表中的"固定资产折旧"与"营业盈余"数值得到。

生产税(政府收入,生产活动),1×22。数据来源于I/O表中的"生产税净额"项目。

产出(生产活动,商品),22×1。根据SAM表行业分类,整理I/O表中对应的部门"总产出"。

关税(政府收入,商品),1×22。由2019年《中国财政年鉴》中"历年关税平均水平"中统计的2018年关税平均水平为7.5%。各部门关税为投入产出表中的"进口额"与平均关税水平的乘积。

进口(国外,商品),1×22。数据来源于I/O表中"进口"数值并扣除关税。

农村居民劳动收入(农村,劳动),1×1;城镇居民劳动收入(城镇,劳动),1×1。可以由2019年《中国统计年鉴》城镇和农村家庭基本情况和人口数量计算得到。

农村居民资本收入(农村,资本),1×1;城镇居民资本收入(城镇,资本),1×1。居民资本收入等于人均财产净收入与人口数量的乘积,数据来源于《2019年中国统计年鉴》,最终可以计算得到城镇和农村家庭的资本收入分别为33485.09亿元和1929.48亿元。

企业盈余(企业,资本),1×1。该项数据来源于2018年I/O表中固定资产折旧+营业盈余。

资产折旧(储蓄,资本),1×1。I/O表中所有部门的"固定资产折旧"项的总和。

国外投资收益（国外，资本），1×1。该项数据来源于《中国统计年鉴》"国际收支平衡表"中的"投资收益"项的差额，并按照中国人民银行统计的当年汇率（6.6174）折算为人民币。

居民最终消费（商品，家庭），22×2。该项数据来源于I/O表中的农村和城镇居民的最终消费。

居民所得税（政府，家庭），1×2。所得税总额需要在城镇居民与农村居民间进行分配，本书参考范金等（2008）[139]的做法，按照农村所得税与城镇所得税比例为1∶4的比例拆分所得税。数据来源于《2019年中国统计年鉴》。

居民储蓄（储蓄，家庭），1×2。根据2019年《中国金融年鉴》"金融机构人民币信贷收支表"中住户存款为716038亿元，按城乡人口比例分配得到。

企业对居民的转移支付（家庭，企业），2×1；政府对居民的转移支付（家庭，政府），2×1。首先，确定居民获得的转移支付总额：农村居民人均转移净收入×农村人口数+城镇居民人均转移净收入×城镇人口数；其次，确定政府对居民的转移支付总额，参照李元龙（2011）[129]的做法，将社会保障和就业支出作为政府对居民的转移支付，并按照农村居民转移支付占比进行分配；最后，居民获得转移支付总额扣除政府对居民的转移支付额即为企业对居民的转移支付额，并依照城乡转移支付比例分别划分到城镇和农村账户。

企业所得税（政府，企业），1×1。根据2019年《中国金融年鉴》统计结果表明全国企业所得税为35323.71亿元。

企业储蓄（储蓄，企业），1×1。根据2019年《中国统计年鉴》中的"金融机构人民币信贷收支表（资金来源）"中的统计数据，将"企业存款"一项中的2018年与2017年统计数据相减得到2018年的储蓄额。

政府消费（商品，政府），22×1。该项数据来源于I/O表的

第3章 对外直接投资对制造业绿色价值链攀升的CGE模型构建

"政府消费支出"的数据。

政府对企业的转移支付（企业，政府），1×1。该项数据来源于2019年《中国统计年鉴》"资金流量表"（非金融交易）非金融企业部门、金融机构部门的经常转移和投资性补助。

政府储蓄（储蓄，政府），1×1。该项数据来源于2019年《中国统计年鉴》中"金融机构人民币信贷收支表（资金来源）"中的"政府存款"的2018年与2017年的增量值，将其作为2018年度的存款增加额。

投资需求（商品，储蓄），22×1。该项数据来源于I/O表的固定资本形成总额。

存货变动（存货，储蓄），1×1。该项数据来源于I/O表中各部门存货的增加额的加总。

存货变动（商品，存货），22×1。该项数据来源于I/O表中各部门存货的增加。

政府转移收入（政府，国外），1×1。列余量。

出口（生产活动，国外），22×1。该项数据来源于I/O表中的"出口额"。

国外转移支付（家庭，国外），2×1。居民从国外部门获得的转移支付总额为"国际平衡表"中的"二次收入"向下的贷方数值，并按照当年汇率折算为人民币，并按照城镇居民占转移支付总额的比例、农村居民占总额的比例分配到城镇与农村账户。

国外储蓄（储蓄，国外），1×1。该项数值来源于国外净储蓄，负值表示净支出，表明外汇储备增加，反之表示减少。按照国家外汇管理局公布的数据，2017年我国外汇储备减少67237亿美元，按照2018年人民币兑换美元平均中间价6.6174，折合国外储蓄为4449.34亿元。

（3）宏观社会核算矩阵。

初次完成数据搜集而整理编制的SAM表并不是所有行与列的相

加总值都相等，这是由于 SAM 表中所包含的数据来自多种数据源（如能源划分比例来自能源统计年鉴、生产数据来源于投入产出表、政府收支的数据来源于财政、金融统计年鉴等），如果账户分得越多，数据越细，其数据来源会更多。这些统计口径不一致等原因，使初始构建的 SAM 表中的数据很可能不平衡，即账户的收支不相等，因此需要运用规范的数值方法来进行调平。常用的平衡方法包括手动平衡法、RAS 法与直接交叉熵法，其中手动平衡法误差率小于 RAS 法与直接交叉熵法，并且易于实际操作，因此选用手动调平后的 SAM 表作为 CGE 模型运行的基础数据。

本书对 22 部门 SAM 表分别进行各部门对应横行加总、对应竖列加总，实现了对生产活动与商品账户的汇总，形成了简洁直观的宏观 SAM 表，如表 3-3 所示。宏观 SAM 表较为清晰地展现了国民经济内存在的恒等关系，如总投入等于总产出、总供给等于总需求、总投资等于总储蓄，以及各个经济主体内部的恒等关系（居民储蓄 = 居民收入 - 居民支出）等，直观显示了宏观数据总量与部门数据总量之间存在的关联。

表 3-3　中国 2018 年宏观社会核算矩阵（宏观 SAM 表）　　　单位：亿元

	活动	商品	要素	居民	企业	政府	国外	投资	存货	加总
活动	0	2344305.7	0	0	0	0	151064	0	0	2495369.7
商品	1573312.7	0	0	359155.6	0	148506.5	0	419134.9	12830.6	2512940.3
要素	825737.8	0	0	0	0	0	0	0	0	825737.8
居民	0	0	499108.9	0	84124.2	47835.3	3252.8	0	0	634321.2
企业	0	0	238478	0	0	19776.2	0	0	0	258254.2
政府	96319.2	12647.8		12629.4	138119.5	0	-12351.3	0	0	247364.6
国外	0	155986.8	-2761.8	0	0	0	0	0	0	153225
投资	0	0	90912.7	262536.2	36010.3	31246.6	11259.5	0	0	431965.5
存货	0	0	0	0	0	0	0	12830.6	0	12830.6
加总	2495369.7	2512940.3	825737.8	634321.2	258254.2	247364.6	153225	431965.5	12830.6	

第3章　对外直接投资对制造业绿色价值链攀升的 CGE 模型构建

3.4　模型参数设定

CGE 模型通过变量定义与参数赋值实现了对一般均衡理论的数学描述，其中，变量以 SAM 表为依据进行初始值设定，然后根据研究问题运行模型不断迭代获得新的变量值；而参数的校准与外生设定则是 CGE 模型能否求解的一个重要环节。总体来看，参数设定有两种方法：一是针对 CES 生产函数、CET 函数、阿明顿生产函数的弹性参数标定，可以参考已有研究成果获得；二是针对税率、函数的规模参数、指数参数等类型的参数，可以利用 SAM 表数据运行模型校准得到，或是根据已有数据进行计算。

替代弹性参数。一般情况下，有两种方法确定替代弹性参数：一是利用历史数据，采用 GME 方法、贝叶斯估计方法等计量方法进行估计；二是直接从已有相关研究成果中查阅借鉴所需的替代弹性参数。采用 CGE 模型进行政策分析的研究中，多采用第二种方法。因此，本书综合借鉴李元龙（2010）[129]、GTAP-E 模型（Burniaux et al., 2002）[140]、马士国（2008）[141]、贺菊煌等（2002）[142]、魏巍贤等（2016）[143]的参数值标定并结合本书研究内容对有关弹性参数进行了整理，具体如表 3-4 所示。

表 3-4　　　　模型中主要弹性参数

部门	σ_a	σ_v	σ_t	σ_q	σ_{og}	σ_{ecn}	σ_{ee}	σ_{ke}
农业	0.10	0.50	3.60	3.00	0.90	0.50	0.70	0.30
煤炭采选业	0.10	0.20	4.00	3.00	0.90	0.20	0.30	0.30
石油开采业	0.10	0.20	4.00	3.00	0.90	0.20	0.30	0.30
天然气开采业	0.10	0.20	4.00	3.00	0.90	0.20	0.30	0.30
采掘业	0.10	0.90	4.00	3.00	0.90	0.50	0.70	0.30
食品制造业	0.10	0.90	4.60	3.00	0.90	0.50	0.70	0.30

续表

部门	σ_a	σ_v	σ_t	σ_q	σ_{og}	σ_{ecn}	σ_{ee}	σ_{ke}
纺织、缝纫及皮革产品制造业	0.10	0.90	4.60	3.00	0.90	0.50	0.70	0.30
炼焦、煤气及石油加工业	0.10	0.90	4.60	3.00	0.90	0.50	0.70	0.30
化学工业	0.10	0.90	4.60	3.00	0.90	0.50	0.70	0.30
非金属矿物制品业	0.10	0.90	4.60	3.00	0.90	0.50	0.70	0.30
金属产品制造业	0.10	0.90	4.60	3.00	0.90	0.50	0.70	0.30
通信及电子设备制造业	0.10	0.90	4.60	3.00	0.90	0.50	0.70	0.30
交通及专业设备制造业	0.10	0.90	4.60	3.00	0.90	0.50	0.70	0.30
其他制造业	0.10	0.90	4.60	3.00	0.90	0.50	0.70	0.30
电力、热力生产供应业	0.10	0.20	0.50	0.90	0.90	0.20	0.10	0.30
蒸汽、水生产供应业	0.10	0.30	0.50	0.90	0.90	0.50	0.30	0.30
运输邮电业	0.10	0.50	3.00	2.00	0.90	0.50	0.70	0.30
商业饮食业	0.10	0.50	3.00	2.00	0.90	0.50	0.70	0.30
科教文卫及公共管理行业	0.10	0.50	3.00	2.00	0.90	0.50	0.70	0.30
金融保险业	0.10	0.50	3.00	2.00	0.90	0.50	0.70	0.30
建筑业	0.10	0.50	3.80	3.00	0.90	0.50	0.70	0.30
其他服务业	0.10	0.50	3.00	2.00	0.90	0.50	0.70	0.30

注：σ_a 为总产出 CES 函数中增值投入与中间投入的替代弹性；σ_v 为增加值 CES 函数中资本—能源投入与劳动力投入的替代弹性；σ_t 为国内产出 CET 函数中国内销售和出口之间的转换弹性；σ_q 为阿明顿函数中国产商品和进口品之间的替代弹性；σ_{og} 为油气能源 CES 函数中石油与天然气的替代弹性；σ_{ecn} 为煤炭与非煤炭能源投入的替代弹性；σ_{ee} 为非电力能源与电力的替代弹性；σ_{ke} 为资本—能源合成投入的替代弹性。

3.5 模型求解与验证

3.5.1 模型求解

目前专门用于 CGE 模型的求解软件主要有两种：澳大利亚莫纳

第3章 对外直接投资对制造业绿色价值链攀升的 CGE 模型构建

什大学开发的 GEMPACK 和世界银行开发的通用代数建模系统（GAMS）。其中，GEMPACK 当前已经广泛应用到全球贸易分析模型（GTAP）、MONASH 等模型中。GAMS 一般用于大型联立方程、非线性规划、混合互补问题等的求解中，可以较方便地对模型进行编码修改、调试，特别是对于一般研究者来说，GAMS 模型在代码的通用性、可读性等方面都比 GEMPACK 模型更具有优越性，也成为 CGE 模型研究领域中较为主流的求解方法。因此，本书运用 GAMS 软件对模型进行求解。GAMS 程序包括集合、变量与方程定义、数据读入、参数调试与校准、模型闭合定义、结果报告等常规功能。利用 GAMS 软件求解动态 CGE 模型时，首先，将完全平衡的 SAM 表数据导入 GAMS 软件中，并将参数设定值写入程序中的限定条件中；其次，通过 GAMS 的校准功能获得一些为外生设定的参数值；最后，以 SAM 表数据年份为基期，运行程序得到基期的变量结果。依次根据动态模块的设定更新参数值，同步利用 GAMS 语句对模拟期内的所观测变量进行求解，并做好每期结果的保存。运行 GAMS 软件求解 CGE 模型的基本步骤如图 3-4 所示。

3.5.2 敏感性检验

由于 CGE 模型中部分参数采取外生给定数值的方式，参数值选择的不同可能会对模拟结果稳健性产生影响，因此需要分析这些关键参数取值变化对模拟结果的影响程度，也就是要重点检验模拟结果对参数的敏感性。假设参数数值在某一取值范围内均匀分布，多次随机取该取值范围内的数值作为参数的标定值，考察这些不同参数取值下模拟结果的变化，若运行 GAMS 软件所得到的模型结果差异较小，说明参数在一定范围内变化不会对模型结果产生显著影响，模型通过了敏感性检验。尤其是在对 CGE 模型参数进行估计的过程中，技术参数和份额参数都是由不同生产要素或者产品的弹性值计算而来的，不

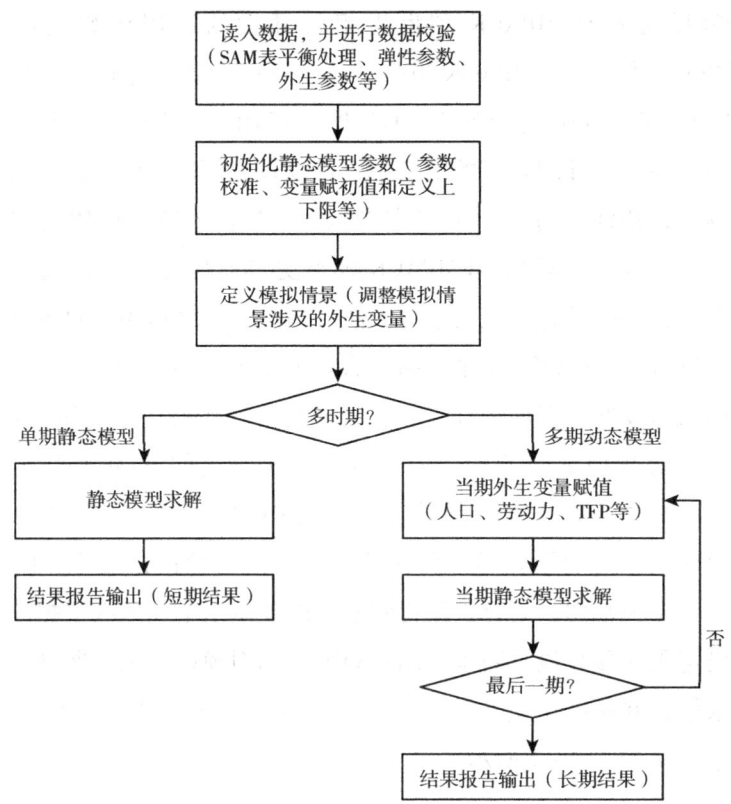

图 3-4 GAMS 程序的运行步骤

同的弹性值选取会对模型产生至关重要的影响,因此,有必要对替代弹性参数进行敏感性检验。本书所选取的替代弹性值大多来源于其他文献的计算结果:例如,电力与非电力能源的替代弹性 σ_{ee}、石油与天然气的替代弹性 σ_{og} 等。CGE 模型中不同替代弹性参数的选取对模拟结果可能会产生较大影响,因此通常需要对模型的弹性参数进行敏感性检验。

对外直接投资的偏向性
技术进步效应对制造业
绿色价值链攀升的
影响研究
Chapter 4

第4章 对外直接投资偏向性技术进步效应测度与分析

4.1 对外直接投资异质性分布与特征

近年来,随着我国"走出去"战略的积极推进、"一带一路"倡议逐步深化等一系列政策协同发力下,我国 OFDI 进入快速发展阶段,规模走势日渐增强,成为推动我国经济增长的重要着力点之一。

自 2005 年以来,我国 OFDI 规模呈现高速增长趋势。2008 年全球金融危机冲击了世界贸易活动,但我国 OFDI 流量持续攀升的势头未明显下滑,2008 年 OFDI 流量达 559.1 亿美元,实现了逆势上涨。2009 年我国 OFDI 流量全球位次显著提升,首次挺入全球前十位,跃居至全球第五位。2013 年,我国 OFDI 流量达到 1078.4 亿美元,顺利越过千亿美元大关,相较于 2005 年增长了近 8 倍。2019 年,世界经济增长 2.9%,成为 2008 年金融危机以来最低增长。我国 2019 年 OFDI 流量规模虽同比下降 4.3%,但仍位居全球第二,达到 1369.1 亿美元。从存量角度来看,我国 OFDI 存量呈现逐年稳步增长的趋势。2019 年末,OFDI 的存量达到了 21988.8 亿美元,是 2005 年存量的 38.4 倍,全球投资存量排名也大幅前移,从 2005 年的第 24 位攀升到了 2019 年的第 3 位,次于美国及荷兰,在全球 OFDI 存量中所占份额达 6.4%。尽管我国 OFDI 在全球市场上的作用逐渐增强,但存量规模与排名第一的美国相比仍有差距,仅仅相当于美国的 28.5%(见图 4-1 和图 4-2)。

4.1.1 OFDI 的行业异质性分布

2019 年统计公报显示,我国 OFDI 分布行业广泛,具有多元化特点。从三次产业划分标准来看,OFDI 存量的近八成集中于第三产业,以工业为主的第二产业存量占比为 19.9%,而以农林牧渔业为主的

第4章 对外直接投资偏向性技术进步效应测度与分析

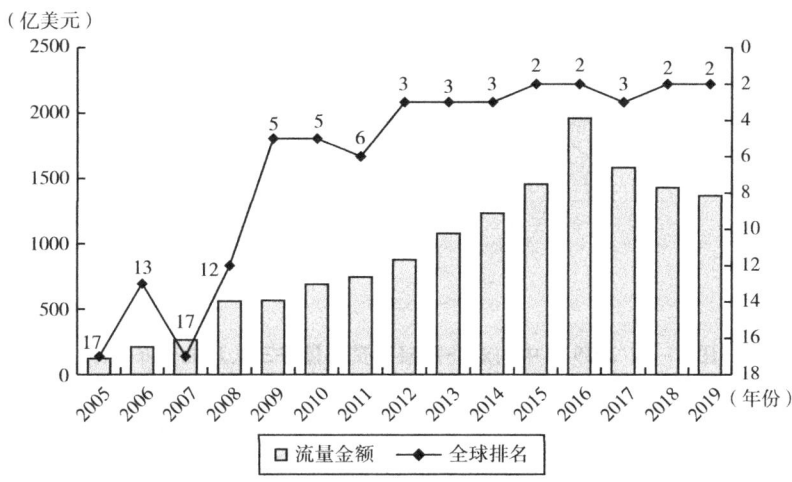

图4-1 2005~2019年中国对外直接投资流量情况

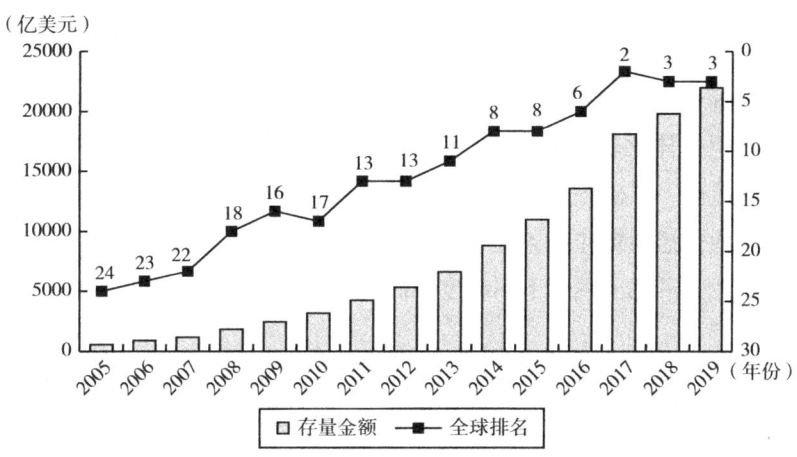

图4-2 2005~2019年中国对外直接投资存量情况

第一产业OFDI存量规模最小,占比还不到1%。细分行业发现,2019年末,我国OFDI投资覆盖了国民经济的18大类行业,其中租赁和商务服务、批发和零售、金融、信息传输/软件和信息技术服务业、制造业以及采矿业六个存量规模超过千亿美元的行业,合计占到我国投资总存量的84.8%,表现出较强的行业集中度(见图4-3)。

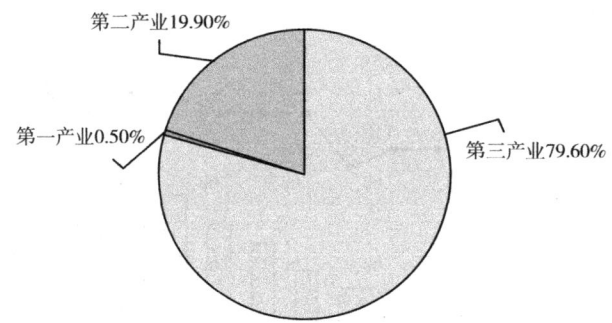

图 4-3　2019 年中国对外直接投资存量按三次产业分布构成

从流量数据分析发现，2019 年我国 OFDI 流向传统租赁和商务服务、制造、金融、批发和零售四个领域的投资均超过百亿美元，占到流量总额的 74.2%。其中，流向租赁和商务服务 418.8 亿美元，占比为 30.6%，居首位；流向制造业的金额为 202.4 亿美元，占比为 14.8%，位列第二，涵盖了汽车制造、化学纤维制造、医学制造、化学原料和化学制品制造、铁路/船舶/航空航天和其他运输设备等多个行业。但整体比较 2019 年各行业 OFDI 流量数据发现，只有批发和零售、制造业、采矿业、建筑业、房地产业等保持了一定的同比流量增长，其他包括租赁和商务服务、文化/体育和娱乐业、住宿餐饮业等在内的行业流量都出现了不同程度的同比减少（见表 4-1 和图 4-4）。

表 4-1　2019 年中国对外直接投资行业分布　　　　单位：亿美元

行业类别	流量	同比（%）	比重（%）	存量	比重（%）
租赁和商务服务业	418.8	-17.6	30.6	7340.8	33.4
批发和零售业	194.7	59.1	14.2	2955.4	13.5
金融业	199.5	-8.1	14.6	2545.3	11.6
信息传输、软件和信息技术服务业	54.8	-2.7	4.0	2022.1	9.2
制造业	202.4	6.0	14.8	2001.4	9.1
采矿业	51.3	10.8	3.7	1754	8

第4章 对外直接投资偏向性技术进步效应测度与分析

续表

行业类别	流量	同比（%）	比重（%）	存量	比重（%）
房地产业	34.2	11.5	2.5	776.1	3.5
交通运输、仓储和邮政业	38.8	-24.8	2.8	765.3	3.5
科学研究和技术服务业	34.3	-9.7	2.5	460.1	2.1
建筑业	37.8	4.5	2.8	422.3	1.9
电力、热力及水的生产和供应业	38.7	-17.7	2.8	330.6	1.5
农、林、牧、渔业	24.4	-4.8	1.8	196.7	0.9
居民服务、修理和其他服务业	16.7	-27.8	1.2	136	0.6
文化、体育和娱乐业	5.2	-55.1	0.4	126.3	0.6
住宿和餐饮业	6.0	-55.4	0.4	49.2	0.2
教育	6.5	13.2	0.5	42.9	0.2
水利、环境和公共设施管理业	2.7	51.1	0.2	33	0.1
卫生和社会工作	2.3	-56.7	0.2	31.3	0.1

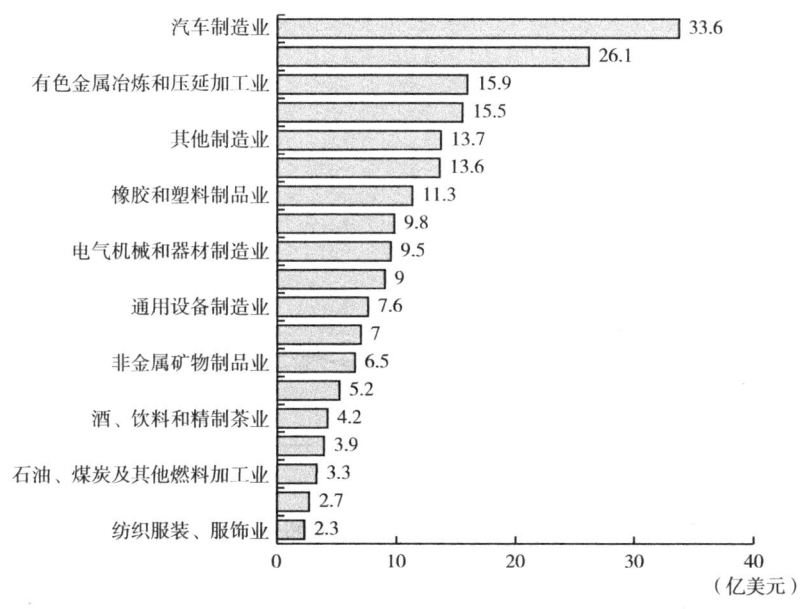

图 4-4 2019 年中国对外制造业投资流向的主要二级类别

4.1.2 OFDI 的地区异质性分布

就区位选择而言，我国对外直接投资范围覆盖面广，个别区域集中投资趋势明显。图 4-5 显示了 2005~2019 年我国流向全球各洲的 OFDI 流量变化趋势。显而易见，出于地理邻近、文化相似性以及经济发展水平等因素考量，亚洲地区历来都是我国 OFDI 流向的重点区域。2019 年，我国在亚洲地区的投资流量为 1108.4 亿美元，在总投资流量中占比达 80.9%。我国投资区域较为集中的第二区域是拉丁美洲，主要原因是存在开曼群岛、英属维尔京群岛等避税天堂，这一区域也吸引了不少国际投资者的目光。2013 年"一带一路"倡议提出后，我国 OFDI 向欧洲、北美洲的流量有所增加，成为投资的新热点。此外，我国对非洲和大洋洲 OFDI 流量都相对偏低，两个区域流量基本平稳，增长趋势并不明显。

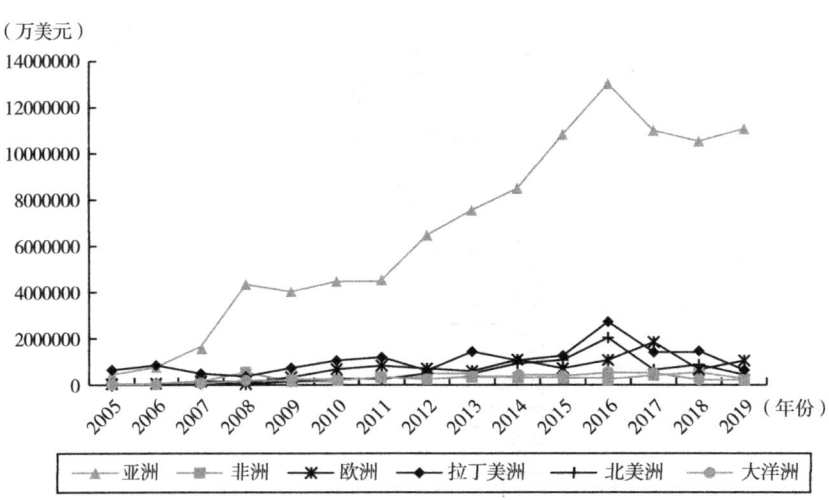

图 4-5 2005~2019 年中国对外直接投资流量各洲分布

表 4-2 显示，2019 年对中国香港的 OFDI 流量为 905.5 亿美元，约占当年投资流量总额的 2/3，也是我国在亚洲地区的 OFDI 重要流

第4章 对外直接投资偏向性技术进步效应测度与分析

出地。英属维尔京群岛、新加坡、荷兰、美国、印度尼西亚、澳大利亚、瑞典、越南、德国依次为排名第二至第十位的国家,并且排名前十位的国家占我国流量总额的88.3%。可以发现,在我国OFDI区位选择方面,存在投资区域不均衡、局部地区集中明显的典型特征(见表4-2和图4-6)。

表4-2 2019年中国对外直接投资流量前20位的国家(地区)

国家(地区)	流量(亿美元)	占总额比重(%)
中国香港	905.5	66.1
英属维尔京群岛	86.8	6.3
新加坡	48.3	3.5
荷兰	38.9	2.8
美国	38.1	2.8
印度尼西亚	22.2	1.6
澳大利亚	20.9	1.5
瑞典	19.2	1.4
越南	16.5	1.2
德国	14.6	1.1
泰国	13.7	1.0
阿拉伯联合酋长国	12.1	0.9
老挝	11.5	0.8
马来西亚	11.1	0.8
英国	11.0	0.8
刚果(金)	9.3	0.7
伊拉克	8.9	0.7
巴西	8.6	0.6
哈萨克斯坦	7.9	0.6
柬埔寨	7.5	0.6

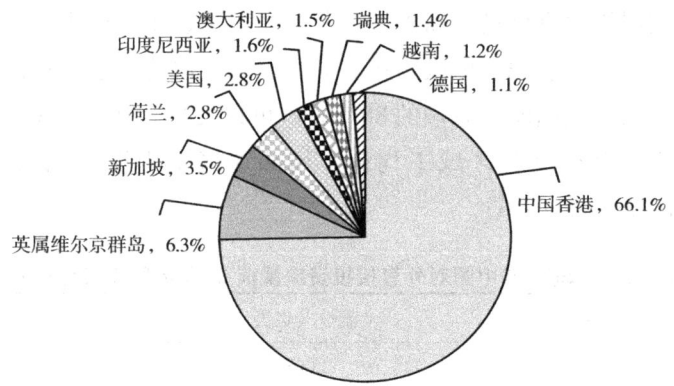

图 4-6　2019 年中国对外直接投资流量前十大国家（地区）分布

4.2　对外直接投资的偏向性技术进步效应测度

4.2.1　双层嵌套 CES 生产函数估计

参考 Acemoglu（2002）[132]提出的技术进步偏向性框架，借鉴戴天仕和徐现祥（2010）[80]，在 CES 生产函数的基础上对技术进步偏向指数进行构建，测度了我国技术进步偏向性。

假定如下 CES 生产函数：

$$Y = F(A_K K, A_L L, A_E E) = \left(\alpha (A_K K)^{\frac{\theta-1}{\theta}} + \beta (A_L L)^{\frac{\theta-1}{\theta}} + (1-\alpha-\beta)(A_E E)^{\frac{\theta-1}{\theta}} \right)^{\frac{\theta}{\theta-1}} \quad (4-1)$$

其中，K、L 和 E 分别表示资本、劳动力和能源要素投资，A_K、A_L 和 A_E 分别表示资本效率、劳动力效率和能源效率。根据戴天仕和徐现祥（2010）[80]的研究，本章将资本要素和能源要素的技术进步偏向性指数表示为：

$$D_{it}^K = \frac{1}{(MP_K/MP_L)} \frac{\partial(MP_K/MP_L)}{\partial(A_K/A_L)} \frac{d(A_K/A_L)}{dt} = \frac{\theta-1}{\theta} \frac{A_{L,it}}{A_{K,it}} \frac{d(A_{K,it}/A_{L,it})}{dt}$$

第4章 对外直接投资偏向性技术进步效应测度与分析

$$D_{it}^E = \frac{1}{(MP_E/MP_L)} \frac{\partial(MP_E/MP_L)}{\partial(A_E/A_L)} \frac{d(A_E/A_L)}{dt} = \frac{\theta-1}{\theta} \frac{A_{L,it}}{A_{E,it}} \frac{d(A_{E,it}/A_{L,it})}{dt}$$

(4-2)

其中，D_{it}^K 和 D_{it}^E 为 i 地区（或行业）t 时期的资本和能源的技术进步偏向性指数，θ 为要素替代弹性，A_K、A_L 和 A_E 分别表示资本效率、劳动力效率和能源效率，即资本增进型技术进步、劳动增进型技术进步和能源增进型技术进步。分析技术进步偏向性定义，若技术进步为资本偏向，则 $D_{it}^K > 0$；若技术进步为能源要素偏向，则 $D_{it}^E > 0$。因此，D_{it}^K 和 D_{it}^E 可作为确定技术进步要素偏向的指数。由式（4-2）可以看出，D_{it}^K 和 D_{it}^E 的大小与要素替代弹性 θ，资本效率 $A_{K,it}$、能源要素效率 $A_{E,it}$ 和劳动力要素效率 $A_{L,it}$ 以及要素效率（$A_{K,it}/A_{L,it}$、$A_{E,it}/A_{L,it}$）的变化有关。以资本偏向性技术进步为例，如果 $A_{K,it}/A_{L,it} > 0$，D_{it}^K 正负取值取决于 θ 的大小以及（$A_{K,it}/A_{L,it}$）的变化，当 $\theta > 1$ 时，资本和劳动力要素相互替代，若 $A_{K,it}/A_{L,it}$ 上升（下降），即 $\frac{d(A_{K,it}/A_{L,it})}{dt} > 0 (<0)$，则技术进步偏向于资本要素（劳动力要素）；当 $\theta < 1$ 时，资本与劳动力互补，若 $A_{K,it}/A_{L,it}$ 上升（下降），即 $\frac{d(A_{K,it}/A_{L,it})}{dt} > 0 (<0)$，则技术进步偏向于劳动力要素（资本要素）；当 $\theta = 1$ 时，技术进步中性。因此，要确定 D_{it}^K，就需要分别估算资本和劳动力替代弹性 θ 以及资本效率 $A_{K,it}$ 和劳动要素效率 $A_{L,it}$。

资本效率、劳动效率与能源效率的测算。假设资本、劳动及能源要素按其边际产出获得报酬，即：

$$\frac{r_t}{W_{Lt}} = \frac{\partial Y/\partial K}{\partial Y/\partial L} = \frac{\alpha}{\beta}\left(\frac{A_K}{A_L}\right)^{\frac{\theta-1}{\theta}}\left(\frac{L_t}{K_t}\right)^{\frac{1}{\theta}}$$

(4-3)

$$\frac{P_{Et}}{W_{Lt}} = \frac{\partial Y/\partial E}{\partial Y/\partial L} = \frac{1-\alpha-\beta}{\beta}\left(\frac{A_E}{A_L}\right)^{\frac{\theta-1}{\theta}}\left(\frac{L_t}{E_t}\right)^{\frac{1}{\theta}}$$

(4-4)

代入式 (4-1), 可以得到:

$$Y_T = \left[\begin{array}{c} \beta(A_L L_t)^{\frac{\theta-1}{\theta}} + \alpha\left(\dfrac{\beta}{\alpha}\dfrac{r_t K_t}{W_{Lt} L_t}\right)(A_L L_t)^{\frac{\theta-1}{\theta}} \\ + (1-\alpha-\beta)\left(\dfrac{\beta}{1-\alpha-\beta}\dfrac{P_{Et} E_t}{W_{Lt} L_t}\right)(A_L L_t)^{\frac{\theta-1}{\theta}} \end{array} \right]^{\frac{\theta}{\theta-1}} \quad (4-5)$$

由此分别得到资本效率、劳动效率与能源效率的计算公式：

$$A_{Kt} = \frac{Y_t}{K_t}\left[\frac{r_t K_t}{\alpha(W_{Lt} L_t + r_t K_t + P_{Et} E_t)}\right]^{\frac{\theta}{\theta-1}} \quad (4-6)$$

$$A_{Lt} = \frac{Y_t}{L_t}\left[\frac{W_{Lt} L_t}{\beta(W_{Lt} L_t + r_t K_t + P_{Et} E_t)}\right]^{\frac{\theta}{\theta-1}} \quad (4-7)$$

$$A_{Et} = \frac{Y_t}{E_t}\left[\frac{P_{Et} E_t}{(1-\alpha-\beta)(W_{Lt} L_t + r_t K_t + P_{Et} E_t)}\right]^{\frac{\theta}{\theta-1}} \quad (4-8)$$

其中，r_t、W_{Lt}、P_{Et} 分别为资本价格、劳动力价格及能源价格，从上述表达式可见，测算资本效率、劳动效率与能源效率，需要获得各时期的产出 Y_t、资本投入 K_t、劳动投入 L_t、能源投入 E_t、要素替代弹性 θ、资本份额 β、劳动份额 α 和三种要素相应的价格。

借鉴 Klump 等 (2007)[144] 构建的标准供给面系统方程来测算要素替代弹性及分配参数。标准供给面系统方程是由标准化的 CES 生产函数以及利润最大化一阶条件共同构成的方程系统，该系统包含各生产要素的需求函数以及生产函数，跨方程参数约束较好地解决了要素替代弹性及技术进步等结构参数的识别问题。

假定要素效率呈指数形式增长，即 $A_{Kt} = A_{K0} e^{g_K(t,t_0)}$，$A_{Lt} = A_{L0} e^{g_L(t,t_0)}$，$A_{Et} = A_{E0} e^{g_E(t,t_0)}$，$A_{K0}$、$A_{L0}$ 和 A_{E0} 分别为基期的资本效率、劳动力效率和能源要素效率，$g_K(t,t_0)$、$g_L(t,t_0)$ 和 $g_E(t,t_0)$ 为要素效率的增长率。基期要素收入份额比设定为其分配参数比：$r_0 K_0 / W_{L0} L_0 = \alpha/\beta$，$P_{E0} E_0 / W_{L0} L_0 = (1-\alpha-\beta)/\beta$，$r_0$、$W_{L0}$ 和 $P_{E0}W$ 分别表示资本、劳动力和能源的基期要素价格，基期要素效率可以分别确定为 $A_{K0} = Y_0/K_0$，$A_{L0} = Y_0/L_0$，$A_{E0} = Y_0/E_0$。由于 CES 生产函数为非线性函数，产出水平初始值与要素投入初始值之间关系不确定，

第4章 对外直接投资偏向性技术进步效应测度与分析

因此引入规模因子 ξ，令 $Y_0 = \xi\overline{Y}$，ξ 通常位于 1 附近。基期资本投入、劳动力投入、能源投入和时间变量分别为：$K_0 = \overline{K}$、$L_0 = \overline{L}$、$E_0 = \overline{E}$ 和 $t_0 = \overline{t}$，其中 $\overline{Y}$、$\overline{K}$、$\overline{L}$、$\overline{E}$ 和 $\overline{t}$ 分别为总产出、资本、劳动力、能源和年份的样本均值。通过求解一阶条件并将要素效率相关表达式代入生产函数，可得如下标准化供给面系统方程：

$$\log\frac{Y_t}{\overline{Y}} = \log\xi + \frac{\theta}{\theta-1}\log\left[\alpha\left(e^{g_K(t,\overline{t})}\frac{K_t}{\overline{K}}\right)^{\frac{\theta-1}{\theta}} + \beta\left(e^{g_L(t,\overline{t})}\frac{L_t}{\overline{L}}\right)^{\frac{\theta-1}{\theta}}\right.$$

$$\left. + (1-\alpha-\beta)\left(e^{g_E(t,\overline{t})}\frac{E_t}{\overline{E}}\right)^{\frac{\theta-1}{\theta}}\right] \tag{4-9}$$

$$\log\frac{W_{Lt}L_t}{Y_t} = \log\beta + \frac{\theta}{\theta-1}\log\xi + \frac{\theta-1}{\theta}g_L(t,\overline{t}) - \frac{\theta-1}{\theta}\log\left(\frac{Y_t/L_t}{\overline{Y}/\overline{L}}\right)$$

$$\tag{4-10}$$

$$\log\frac{P_{Et}E_t}{Y_t} = \log(1-\alpha-\beta) + \frac{\theta}{\theta-1}\log\xi + \frac{\theta-1}{\theta}g_E(t,\overline{t}) - \frac{\theta-1}{\theta}\log\left(\frac{Y_t/E_t}{\overline{Y}/\overline{E}}\right)$$

$$\tag{4-11}$$

$$\log\frac{r_t K_t}{Y_t} = \log\alpha + \frac{\theta}{\theta-1}\log\xi + \frac{\theta-1}{\theta}g_K(t,\overline{t}) - \frac{\theta-1}{\theta}\log\left(\frac{Y_t/K_t}{\overline{Y}/\overline{K}}\right) \tag{4-12}$$

考虑到要素效率变化的时变增长特征，假定要素效率增长率为 Box-Cox 型：

$$g_j(t,\overline{t}) = \overline{t}\frac{\gamma_j}{\lambda_j}\left[\left(\frac{t}{\overline{t}}\right)^{\lambda_j} - 1\right] \tag{4-13}$$

其中，$j = \{K, L, E\}$ 为要素投入，γ_j 为技术增长参数，λ_j 为技术曲率，两者共同决定了要素增强型技术进步增长率函数的形状和位置。在这种设定下，要素效率增长率可以随时间而改变，能够更好地体现要素效率变化的一般趋势。当 $\lambda_j = 1$ 时，要素效率增长率为常数，即退化到技术进步以不变速度增长的线性假定。

4.2.2 对外直接投资的偏向性技术进步水平及演变

本节通过测算我国制造业九个细分行业的技术进步偏向性指数，全面分析 2011~2019 年 OFDI 对我国技术进步偏向性指数的影响。根据标准化系统方法方程组可知，参数估计所需数据包括产出、劳动、资本和能源三种要素投入数量及要素价格的基础数据，这些基本数据分别来源于各年的《中国统计年鉴》《中国工业统计年鉴》《中国能源统计年鉴》《中国劳动统计年鉴》以及相关统计局网站。

（1）产出。

现有研究中一般将总产值、增加值或者净产值作为衡量制造业产出的指标。考虑到折旧的影响，在此选用工业各行业增加值作为制造业产出（Y）的衡量指标。但 2008 年后《中国工业统计年鉴》各行业的工业增加值数据不再公布，因此本书参考蔺鹏（2021）[81]、钱娟（2018）[145]的做法，对 2011~2019 年分行业规模以上工业增加值进行估算，选择 2007 年为基期的工业行业增加值，利用国家统计局数据库中"工业分大类行业增加值累计增长速度"和"工业生产者出厂价格指数"，推算出 2011~2019 年名义工业增加值，并用工业生产者出厂价格指数进行平减得到实际工业增加值。

（2）劳动投入与劳动价格。

采用制造业细分行业的平均从业人数指标作为劳动投入量（L），相关数据可直接从《中国工业统计年鉴》获得，但缺少 2017 年、2018 年的平均从业人数，参考周彩虹（2020）[146]的做法，采用平均增长率方法估算得到。劳动价格（W_L）选择分行业就业人员平均工资表示，数据来源于《中国劳动统计年鉴》。

（3）资本投入与资本价格。

与劳动、能源要素投入相比，资本投入数据在统计上难以直接获得，因此学术上普遍采用资本存量进行度量。与前沿研究的估算方法一致，本书采用永续盘存法来估算制造业资本存量（K）数据。永续

第4章 对外直接投资偏向性技术进步效应测度与分析

盘存法可表示为：

$$K_t = \frac{I_t}{P_t} + (1 - \delta_t)K_{t-1} \qquad (4-14)$$

其中，K_t 为 t 期资本存量，I_t 为 t 期新增投资额，P_t 为 t 期资本价格指数，δ_t 为 t 期折旧率。将固定资产净值用以 1990 年为基期的固定资产投资价格指数进行平减，消除价格因素影响，即可获得实际固定资产投资数据，而基期资本存量为 2009 年制造业分行业固定资产净值，参考江雪萍（2019）[79]、张军（2000）[147]等的方法设定资本折旧率为 9.6%。

资本价格（r）用资本使用者成本表示，参考 Doraszelski（2004）的做法，其计算公式为：

$$r_{jt} = p_{jt}(i_{jt} + \delta_{jt} - \pi_{jt}) \qquad (4-15)$$

其中，r_{jt} 表示资本价格，p_{jt}、i_{jt}、δ_{jt}、π_{jt} 分别表示固定资产投资价格指数、贷款利率、折旧率、通货膨胀率。贷款利率使用金融机构 3~5 年（含 5 年）的中长期贷款利率衡量；折旧率参照陈诗一（2011）[148]的处理方法，以本年折旧与固定资产原值的比值表示；通货膨胀率水平用居民消费价格指数增长率表示。主要数据来源于《中国金融年鉴》《中国统计年鉴》。

(4) 能源投入与能源价格。

以工业分行业能源消费量（折算为标准煤）来表示能源投入（E），数据来源于《中国能源统计年鉴》。关于能源价格（P_E），我国尚未形成统一统计口径，因此参考蔺鹏（2021）[81]、王班班（2014）[149]的做法，通过推算获取 2011~2019 年的能源价格数据。先计算 2010 年基期的万吨标准煤价格，并利用能源类工业生产者出厂价格指数推算出 2011~2019 年能源价格数据。首先，利用《中国物价年鉴》公布的 2010 年 36 个大中城市的汽油、柴油、天然气、电力等细分能源的价格，再结合工信部统计的煤炭价格，计算得出 2010 年万吨标准煤价格；其次，采用电力、煤炭和炼焦及石油工业三类工业生产者出厂价格指数，以各类能源消费占能源消费总量比重为权重构造能源工业生产者出厂价格综合指数,扩展得到 2011~2019 年能源价格序列。

表 4-3　我国制造业技术进步偏向性的参数估计结果

参数	估计值	参数	估计值
ξ	0.967 *** (9.31)	λ_L	1.934 *** (7.38)
θ	0.693 *** (14.38)	γ_K	-0.062 ** (-2.13)
α	0.393 *** (7.68)	λ_K	5.674 *** (12.01)
β	0.364 *** (5.39)	γ_E	0.097 *** (5.12)
γ_L	0.083 *** (6.90)	λ_E	1.346 *** (6.47)
似然值	258.7	似然值	258.7
观测数	90	观测数	90

注:括号内的数字为系数估计值的 z 统计量,其中显著性水平为 *** $p<0.01$,** $p<0.05$,* $p<0.1$。

根据式(4-9)~式(4-12)采用可行的广义非线性最小二乘法估计要素替代弹性 θ 和要素份额参数 α、β 等其他参数,在表 4-4 中,给出了 2011~2019 年我国制造业整体的参数估计结果,各参数估计值均在 5% 水平上显著。规模因子 ξ(0.967)趋近于 1,这与多数工业企业规模报酬保持不变的生产实际较为吻合。从要素替代 θ 估计值来看,制造业行业的整体要素替代弹性估计值(0.693)小于 1,表明三种要素之间呈现一种互补关系,这与钱娟(2018)[145]、王林辉(2019)[79]等得出的结论基本一致。从要素技术进步增长参数来看,制造业整体上的能源增强型技术进步率与劳动增强型技术进步率均为正值,且显著高于资本增进型技术进步率($\gamma_E > \gamma_L > 0$,$\gamma_K < 0$),表明样本期间内我国制造业能源利用效率大幅提升,劳动生产效率增长明显,但资本效率出现负增长。

表 4-4　　我国制造业分行业技术进步偏向性指数 D^K

D^K	2011年	2012年	2013年	2014年	2015年	2016年	2017年	2018年	2019年
食品制造业	0.0423	0.1351	-0.0577	0.2747	0.0156	0.1062	-0.0401	0.0493	-0.0041
纺织业	0.0388	-0.0202	0.0415	0.1934	-0.0317	0.0879	0.0425	0.0395	0.0054
石油、炼焦及核燃料加工业	0.0148	0.2962	-0.2751	0.1743	0.0312	0.0908	-0.0359	0.0591	0.0392
化学工业	0.0102	0.0807	0.0614	0.1251	0.0935	0.0576	-0.0314	0.0420	-0.0036
非金属矿物制品业	-0.0062	-0.0036	0.1768	0.0298	0.1143	0.0370	-0.0068	0.0427	0.0108
金属产品制造业	0.0606	0.0503	0.1019	0.1236	0.0826	0.0195	-0.0482	0.0434	0.0155
通信及电子设备制造业	0.0819	0.0641	0.0153	0.0948	0.2579	-0.3118	0.1673	0.0428	0.0346
交通及专业设备制造业	-0.0105	0.3435	-0.2000	0.1121	0.0503	0.0499	-0.0004	0.0304	0.0363
其他制造业	-0.0669	0.1795	-0.0150	0.0566	0.1285	0.0729	0.0014	0.0415	0.0161

表 4-3 和表 4-4 是对我国制造业技术进步偏向水平的测算结果。我国制造业技术进步偏向表现为资本增强型与能源增强型共存，资本与能源要素的边际产出增幅要大于劳动要素，这与其他文献测算的技术进步偏向性的结果基本一致。就资本技术进步偏向性指数 D^K 而言，九类制造业行业绝大多数年份的 D^K 值都大于 0，这表明我国制造业技术进步方向表现出较强的资本偏向性，即技术进步所带来的劳动边际产出与资本边际产出变动幅度有所差异，其对后者的幅度提高更为有利。纵向比较发现，在样本区间内，虽然制造业技术进步仍呈现资本偏向性，但偏向程度却出现了轻微的减弱。国际投资形势日趋复杂、发达国家制造业回流等政策影响，都使得我国制造业"走出去"面临的不确定性及风险性增加，再加之来自制造业转型等内部压力，迫使企业不得不审慎作出投资决策，资本投资规模以及资本利用效率降低，这些都可能会造成资本偏向性的下降。另外，九类制造业行业的能源技术进步偏向性指数 D^E 基本都大于 0，即具有明显的能源偏向性特征，技术进步促使能源相对劳动的边际生产率提高，从

而表现为偏向劳动节约、能源使用的技术进步。特别是高能耗型行业，如石油、炼焦及核燃料加工业与化学工业等，其技术进步偏向能源的程度相较于其他行业明显较高，源于其行业生产过程需要投入大量能源，其技术引进及研发类型也指向更多使用能源，所以表现出强能源偏向性。

表 4-5 我国制造业分行业技术进步偏向性指数 D^E

D^E	2011年	2012年	2013年	2014年	2015年	2016年	2017年	2018年	2019年
食品制造业	0.0682	0.0682	0.0691	0.0682	0.0708	0.0708	0.0723	0.0716	0.0726
纺织业	0.0712	0.0713	0.0707	0.0707	0.0726	0.0722	0.0736	0.0741	0.0748
石油、炼焦及核燃料加工业	0.0744	0.0745	0.0780	0.0744	0.0763	0.0764	0.0781	0.0778	0.0787
化学工业	0.0717	0.0715	0.0720	0.0724	0.0734	0.0744	0.0753	0.0750	0.0760
非金属矿物制品业	0.0711	0.0707	0.0699	0.0713	0.0711	0.0722	0.0729	0.0726	0.0734
金属产品制造业	0.0698	0.0702	0.0702	0.0710	0.0720	0.0729	0.0735	0.0728	0.0736
通信及电子设备制造业	0.0684	0.0690	0.0695	0.0694	0.0703	0.0732	0.0700	0.0722	0.0728
交通及专业设备制造业	0.0677	0.0671	0.0708	0.0684	0.0693	0.0697	0.0704	0.0706	0.0707
其他制造业	0.0707	0.0696	0.0711	0.0705	0.0707	0.0720	0.0731	0.0731	0.0731

4.3 对外直接投资对制造业偏向性技术进步的影响研究

4.3.1 模型设计

OFDI 是技术进步偏向性传递的重要渠道，技术创新国适应自身要素禀赋结构的偏向性技术进步可能会通过 OFDI 的逆向技术溢出效

第4章 对外直接投资偏向性技术进步效应测度与分析

应传导到母国,促使母国发生非中性的技术进步。在我国采取的不同形式的对外直接投资活动中,技术进步偏向性发生了跨国传递,进而影响到我国制造业的技术进步偏向性。因此,本书重点探究 OFDI 对我国制造业偏向性技术进步产生的作用。

本书基于 2011~2019 年我国制造业 9 个细分行业的面板数据采用计量回归方法实证检验了 OFDI 对我国制造业偏向性技术进步的影响,并设定计量模型:

$$A_{jt} = \alpha_0 + \alpha_1 OFDI_{it} + \varphi X_{it} + \varepsilon_{it} \tag{4-16}$$

其中,下标 i 和 t 分别表示制造业行业 i 和年份 t,被解释变量 A_{jt} 为要素增强型技术进步(j = K,L,E),用来衡量行业偏向性技术进步水平。核心解释变量 $OFDI_{it}$ 表示行业 i 第 t 年的对外直接投资水平,X_{it} 表示一系列控制变量,ε_{it} 是随机误差项。

被解释变量偏向性技术进步。采用前面的资本增强型技术进步(A_K)、劳动增强型技术进步(A_L)与能源增强型技术进步(A_E)衡量。核心解释变量对外直接投资($OFDI_{it}$)。由于《中国对外直接投资公报》未公布制造业细分行业的 OFDI 流量数据,因此参照卞富艺(2020)[150]、刘海云和聂飞(2018)[151]的处理方法,以细分行业的出口交货值占比行业总出口交货值作为权数,计算出制造业各细分行业具体的对外直接投资流量数据,且按照年平均汇率折算为人民币,相关数据来源于《中国工业统计年鉴》《中国对外直接投资统计公报》以及国家统计局网站。

借鉴杨丽丽(2018)[152]、王林辉(2019)[79]等人的研究,采用要素禀赋(fac_{it})、人力资本(hu_{it})、企业规模(ens_{it})3 个控制变量。(1)要素禀赋(fac_{it})。参照王林辉等(2019)[79]的做法,引入这一控制变量用于分析其对行业技术偏向性的可能影响,该指标通过制造业各行业资本存量与劳动力人数比值衡量。(2)人力资本(hu_{it})。劳动在生产过程中充当着不可或缺的投入要素,可划分为低技能劳动和高技能劳动,技术进步的关键前提就是要有高技能劳动

（人力资本）的投入（Acemogelu, 2002）[132]。故而使用规模以上工业企业所有从业人员中科技活动从业人员所占比重度量人力资本，数据来源于《工业企业科技活动统计年鉴》。（3）企业规模（ens_{it}）。企业规模的大小可能与偏向性技术进步相关，企业规模大小可能会通过企业生产效率影响偏向性技术进步（Antonelli et al., 2015）[153]。因此，采用制造业各行业平均从业人员数来计算（规模以上工业企业用工人数除以对应企业个数），数据来源于《中国工业统计年鉴》。

4.3.2 实证结果分析

本书实证研究样本为2011~2019年制造业9个细分行业面板数据，在回归中将被解释变量偏向性技术进步分为劳动力偏向性、资本偏向性、能源偏向性三种类型。针对易产生的多重共线性与内生性问题，首先考察了解释变量的相关系数和方差膨胀因子，发现不存在多重共线性，同时采用极大似然估计（MLE）避免可能存在的内生性问题，在此基础上估计对外直接投资对偏向性技术进步的影响，回归结果如表4-6所示。

表4-6　OFDI对偏向性技术进步基准回归结果

解释变量	劳动力偏向性		资本偏向性		能源偏向性	
	（1）FGLS估计	（2）MLE估计	（3）FGLS估计	（4）MLE估计	（5）FGLS估计	（6）MLE估计
$lnofdi_{it}$	0.564*** (3.36)	0.563*** (3.47)	0.469*** (4.80)	0.273*** (3.43)	0.172** (2.17)	0.190* (1.79)
$lnfac_{it}$	-0.558* (-1.91)	-0.558* (-1.98)	0.780*** (4.59)	0.328** (2.30)	1.102*** (8.00)	1.136*** (5.99)
$lnhu_{it}$	-0.238 (-0.90)	-0.237 (-0.93)	-0.274* (-1.79)	0.232* (1.69)	0.184 (1.48)	0.149 (0.82)
$lnens_{it}$	-0.725*** (-3.29)	-0.725*** (-3.39)	-0.398*** (-3.09)	-0.467*** (-5.15)	-0.439*** (-4.22)	-0.446*** (-4.32)

续表

解释变量	劳动力偏向性		资本偏向性		能源偏向性	
	(1) FGLS 估计	(2) MLE 估计	(3) FGLS 估计	(4) MLE 估计	(5) FGLS 估计	(6) MLE 估计
Constant	19.195*** (16.88)	19.195*** (17.43)	8.626*** (13.02)	9.309*** (18.68)	14.817*** (27.56)	14.767*** (26.65)
Observation	81	81	81	81	81	81
R-Squared	0.593	\	0.3522	\	0.6793	\
Wald	109.50	\	30.7	\	160.95	\
LR	\	72.28	\	48.46	\	92.17

注：括号内的数字为系数估计值的 z 统计量，其中显著性水平为 *** $p<0.01$，** $p<0.05$，* $p<0.1$。

表 4-6 中，第（1）、第（2）列是对劳动力增强型技术进步的样本回归结果；第（3）、第（4）列是对资本增强型技术进步的样本回归结果；第（5）、第（6）列是对能源增强型技术进步的样本回归结果。

表 4-6 第（1）至第（6）列回归结果显示，在三种类型的偏向性技术进步中，对外直接投资水平的估计系数均为正数，在劳动偏向性和资本偏向性技术进步中都通过了 1% 的显著性检验，在能源偏向性技术进步中通过了 5% 和 10% 的显著性检验，即增加对外直接投资能够显著提升本国制造业劳动力偏向性和资本偏向性技术进步，但对能源偏向性技术进步的促进作用有限，其原因在于：一方面对外直接投资的增加能够促进生产价值链的部分转移，以获取成本较低的生产投入品，该过程能使从事国内生产的工人获得更多的生产配置，起到提高劳动生产率、促进劳动偏向性技术进步的效果（余官胜，2013）[154]；另一方面，我国制造业企业通过对外直接投资能够大量引进发达国家先进技术和设备，借鉴了发达国家技术进步方向，呈现资本偏向型特征。同时，对外直接投资的增加促进资本的跨国流动，通过弥补储蓄和刺激出口等渠道带动国内资本更高质量发展，为我国经济增长提供资本要素供给，资本积累效应不断加强，从而技术进步偏向资

本（李平，2017）[77]。

控制变量结果方面，要素禀赋（fac_{it}）的估计系数在劳动力偏向性技术进步中为负，在资本偏向性和能源偏向性技术进步中均为正值且通过了1%的显著性检验，这可能是由于在要素禀赋中资本存量占优势的制造业企业对其自身资本偏向性和能源偏向性技术进步的带动效应更强，但资本存量的带动效应也抑制了劳动偏向性技术进步（丁一兵等，2016）[155]。人力资本（hu_{it}）的估计系数在劳动力偏向性技术进步中为负，在资本和能源偏向性技术进步中为正，这表明企业中科技活动从业人员占比越大，越能够通过资本或能源拉动制造业企业偏向性技术进步，这是由于人力资本是科技创新的基础，对外投资的扩大能够促使跨国公司在通过并购、合资等进行直接投资的情况下，雇用当地优秀的科研人员，直接获得原企业的技术人才，建立起了企业内部人力资本跨国流动的通道，通过人力资本流动获得东道国技术溢出，从而促进了技术进步（叶红雨等，2017）[156]。企业规模（ens_{it}）的估计系数在所有类型的偏向性技术进步中均显著为负，这可能是由于企业规模越大，从业人数越多，在对外直接投资中满足创新研发需求的成本越大，不利于制造业企业技术进步。

对外直接投资的偏向性
技术进步效应对制造业
绿色价值链攀升的
影响研究
Chapter 5

第5章 制造业绿色价值链分工位置测度与地位评估

5.1 制造业绿色价值链分工地位测算方法

5.1.1 测算指标

目前研究文献测算价值链分工地位的指标主要有专利数量、新产品价值以及出口技术复杂度等。随着研究的不断深入，Hausmann 等（2007）[12]提出的出口技术复杂度逐渐被很多学者采用，认为价值链中分工地位可以通过出口技术复杂度来反映。出口技术复杂度最早来源于 Michaely（1984）[11]贸易专业化指标，但起初该指标并未考虑国家规模的异质性对产品技术含量的影响，在此基础上 Hausmann 等（2007）[12]对出口复杂度的计算方法进行改进，将贸易国家规模作为权重，能够更加准确地对出口技术复杂度进行测算。借鉴韩亚峰等（2018）[135]、李强和郑江淮（2013）[136]的做法将出口技术复杂度作为价值链位置的测算指标，结合 Hausmann 等（2005）[157]的计算方法，具体计算公式如下：

$$PRODY_K = \sum_j \frac{x_{jk}/X_j}{\sum_j x_{jk}/X_j} Y_j \qquad (5-1)$$

$$ESI_{ji} = \sum_k \frac{x_{jk}}{X_{ji}} PRODY_k \qquad (5-2)$$

其中，$PRODY_k$ 和 ESI_{ji} 分别表示产品和行业的出口复杂度，k 表示产品，j 表示国家或地区，i 表示产业，x_{jk} 表示 j 国 k 产品的出口值。X_j 表示 j 国所有产品出口总额，X_{ji} 表示 j 国 i 产业产品出口总额。Y_j 表示一国或地区人均 GDP。产品出口额采用联合国贸易统计数据库（UN comtrade 数据库）各类产品出口数据，并结合国际贸易商品标准分类（SITC3）与各行业对应关系对制造业各行业出口额进行汇总计算。

第5章 制造业绿色价值链分工位置测度与地位评估

绿色价值链是传统价值链的延伸与升级,其立足于生态环境保护理念,对于产业价值进行综合考量。与传统价值链相比,绿色价值链不仅关注产业的经济价值,其同样注重产业的社会价值与绿色价值,将环境指标纳入衡量体系之内。绿色价值链综合考虑产业的绿色价值、社会价值以及经济价值,凸显企业的绿色竞争力。综合绿色价值链包含的绿色价值和社会价值,将绿色测算指标引入行业出口复杂度,形成绿色行业技术复杂度。由于国家统计部门对制造业分行业增加值和污染物排放未作统计,因此借鉴李振洋和白雪洁(2020)[131]的做法,引入绿色制造业增加值的概念,将环境治理成本纳入核算体系,将式(5-1)中的 Y_j 替换为人均绿色制造业增加值,综合已有计算方法,绿色制造业增加值计算公式如下:

$$绿色制造业增加值 = 制造业增加值 - 污染成本 \quad (5-3)$$

其中,污染治理成本包括实际治理成本与虚拟治理成本。实际治理成本即环境污染治理投资总额,虚拟治理成本采用维护成本定价法进行估算。由于《中国环境统计年鉴》未统计分行业环境污染治理投资总额,因此仅采用虚拟治理成本进行污染治理成本估算,其计算公式为:

$$V = \sum_{i=1}^{n} M_i \times X_i \quad (5-4)$$

其中,V 为虚拟治理成本;M 为污染物排放量;X 为污染物单位治理成本;i 为第 i 项污染物;n 为污染物种类。污染物核算对象包括废气中的二氧化硫、氮氧化物、工业烟尘、工业粉尘,废水中的化学需氧量、氨氮,固体废物中的一般工业固体废弃物。

结合前述,计算人均绿色制造业增加值为:

$$AGGMIAV = \frac{MIAV - V}{P} \quad (5-5)$$

其中,AGGMIAV 为人均绿色制造业增加值;MIAV 为制造业增加值;V 为虚拟治理成本,即污染治理成本;P 为制造业各行业从业人数。

因此,绿色行业出口技术复杂度计算公式为:

$$GESI_{ji} = \frac{X_{ji}/MISOV_{ji}}{X_j/MISOV_j} AGGMIAV \qquad (5-6)$$

其中，X_j 表示 j 国所有产品出口总额，X_{ji} 表示 j 国 i 产业产品出口总额。$MISOV_j$ 为 j 国制造业销售产值，$MISOV_{ji}$ 为 j 国 i 制造业销售产值。

5.1.2 变量说明和数据来源

参考李强和郑江淮（2013）[136]的做法，利用国家统计局数据库、联合国贸易统计数据库（UN comtrade）等对我国 2010~2019 年制造业各行业技术复杂度进行估算，并用人均绿色制造业增加值指数替换原有的人均 GDP，测算制造业绿色价值链分工地位。

数据主要来自《联合国贸易统计数据库》《中国统计年鉴》《中国环境统计年鉴》《中国工业统计年鉴》等。对数据的处理如下：（1）2011 年后烟尘与工业粉尘在统计年鉴中合并为烟（粉）尘排放总量，2016 年后计为工业颗粒物排放量，借鉴沈晓艳等（2017）[158]的方法，按烟尘与工业粉尘排放总量 1.5∶1 进行分配计算虚拟治理成本；（2）对于制造业增加值的计算，借鉴李振洋和白雪洁（2020）[131]的做法，采用 2012 年、2015 年、2018 年投入产出表增加值与总投入之比作为系数，乘以各年份制造业销售产值估算制造业增加值；（3）对于《中国工业统计年鉴》中 2017 年、2018 年部分缺失数据，借鉴沈晓艳等（2017）[158]的方法，采用 2016 年主营业务收入与制造业销售产值之比估算 2017 年、2018 年制造业销售产值，对于 2017 年、2018 年缺失的从业人数数据，采用均值插补的方法进行补充。

5.2 制造业绿色价值链分工地位评估

5.2.1 制造业产出效应评估

为了对制造业绿色价值链分工地位进行有效评估，对测算指标中

第5章 制造业绿色价值链分工位置测度与地位评估

包含的制造业增加值、环境污染治理成本以及行业技术复杂度分别进行描述性统计分析。首先，结合本书价值链测算指标计算方法，对制造业各行业增加值进行描述性统计分析，具体情况如图5-1所示，2010~2019年制造业各行业增加值总体处于稳中有升的态势，表明制造业行业总体的生产能力与技术水平处于逐步提升的趋势。从行业看，纵向比较制造业中交通及专业设备制造业各年度增加值最高，2010~2019年平均增加值高达42782.35亿元；化学工业、金属制造业、食品制造业增加值处于较高水平，2010~2019年平均增加值均高于20000亿元；通信及电子设备制造业、其他制造业、纺织业、非金属矿物制品业和石油、炼焦及核燃料加工业增加值较低，石油、炼焦及核燃料加工业最低，2010~2019年平均增加值仅8270.63亿元。横向比较交通及专业设备制造业增加值增长速度最快，受中美贸易摩擦影响2016年后虽出现小幅下降，但2010~2019年增加值年均增速仍高达19%；金属制造业、其他制造业、非金属矿物制品业工业和石油、炼焦及核燃料加工业增加值总体处于稳中有升的态势，受中美

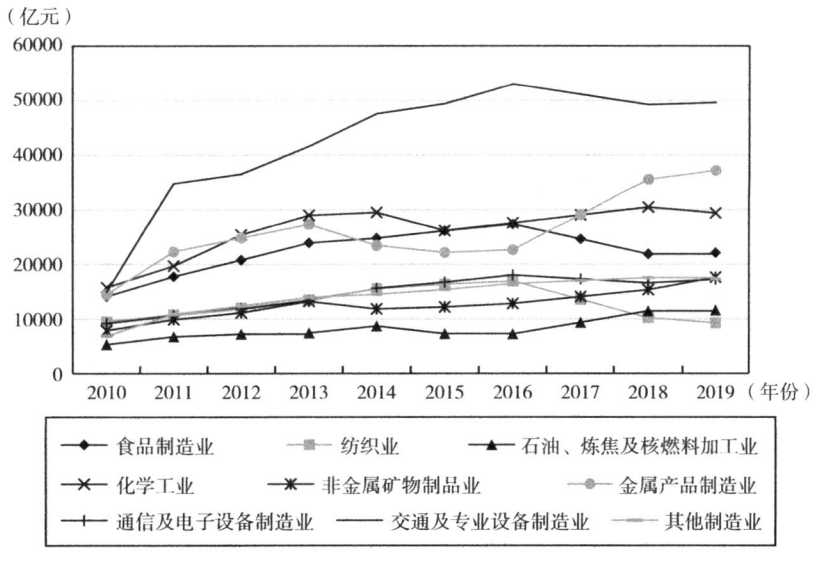

图5-1 2010~2019年制造业各行业增加值

贸易摩擦影响2016年后虽出现不同程度下降，但2010～2019年各行业增加值年均增速保持10%以上；化学工业、通信及电子设备制造业、食品制造业和纺织业增加值较低，2010～2019各年度各行业增加值年均增速均低于10%。

5.2.2 制造业污染物排放效应评估

从环境污染治理成本看，如图5-2所示，2010～2019年制造业行业污染治理成本总体保持平稳状态。受新修订的《环境保护法》实施影响，个别行业2015年出现较大起伏。具体分行业来看，纵向比较，各行业之间污染治理成本差距较大，金属产品制造业与化学工业污染成本明显高于其他制造业行业，2010～2019年平均污染治理成本分别高达97.19亿元与55.18亿元，属于高污染行业；食品制造业、石油、炼焦及核燃料加工业、其他制造业、纺织业和交通及专业设备制造业的环境污染治理成本相对高于其他制造业行业，2010～2019年

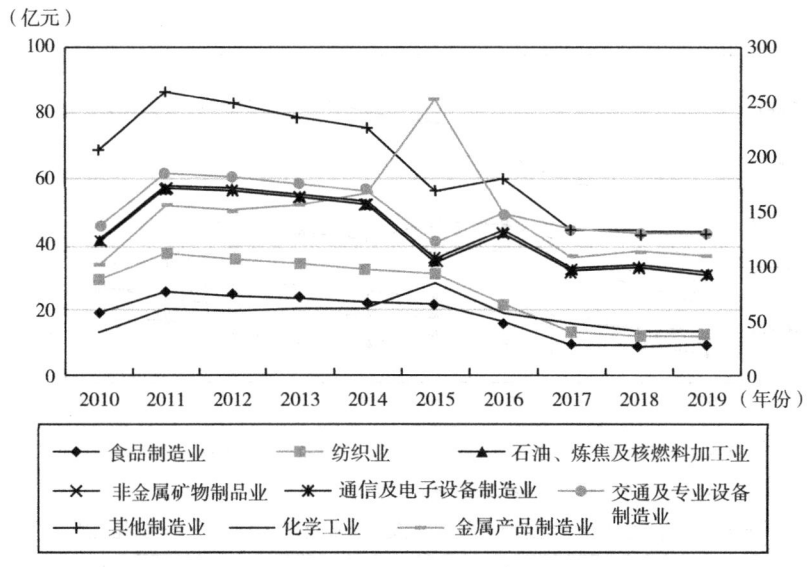

图5-2 制造业各行业2010～2019年环境污染治理成本

各行业平均污染治理成本均高于 3 亿元；通信及电子设备制造业与非金属矿物制品业污染治理成本总体处于低位水平，2010~2019 年平均污染治理成本均低于 1 亿元。横向比较，受新修订的《环境保护法》实施影响，《环境保护税法》与《环境保护税法实施条例》的相继颁布影响 2015 年后各行业环境污染治理成本出现不同程度的下降，食品制造业、纺织业和其他制造业污染治理成本 2010~2019 年污染治理成本年均增速为负，其他各制造业行业污染治理成本虽出现下降但 2010~2019 年污染治理成本年均增速依旧为正。

5.2.3 制造业绿色价值链分工地位评估

根据前面测算指标对制造业行业 2010~2019 年平均行业出口技术复杂度变量进行描述性统计分析。从图 5-3 可以看出，2010~2019 年制造业行业平均技术复杂度总体处于上升态势，即 2010~2019 年制造业行业总体在绿色价值链的位置处于从低端向高端攀升的趋势。

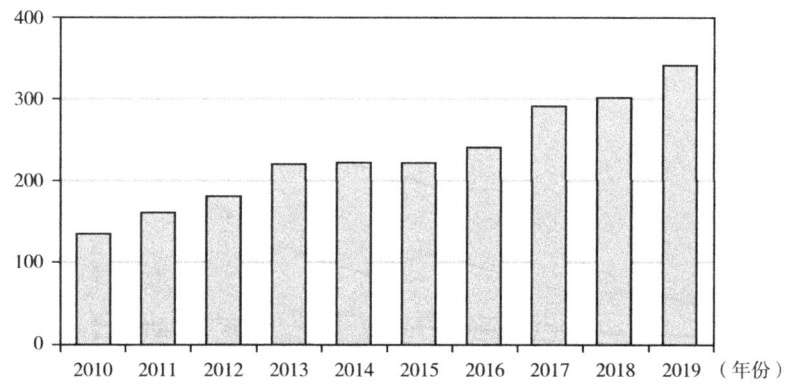

图 5-3 制造业行业 2010~2019 年平均行业技术复杂度

为进一步分析制造业各行业绿色价值链攀升情况，根据前面测算指标对 9 个制造业 2010~2019 年技术复杂度进行描述性统计分析，具体如图 5-4 所示，2010~2019 年制造业行业技术复杂度总体均处于上升态势,即各行业在绿色价值链的位置处于逐步攀升的趋势。分行业来看,纵向比较制造业行业中交通及专业设备制造业在绿色价值链位置最高,由于其行业技术含量高以及污染程度较低,2010~2019年平均绿色行业技术复杂度指数高达460.21;其他制造业,石油、炼焦及核燃料加工业,纺织业在绿色价值链中处于较高水平,2010~2019年各行业平均绿色行业技术复杂度指数均在200以上;化学工业、金属产品制造业、通信及电子设备制造业、非金属矿物制品业和食品加工制造业绿色价值链中所处位置较低,其中食品加工制造业绿色行业技术复杂度指数最低仅72.79。横向比较交通及专业设备制造业绿色价值链攀升速度最快,2010~2019年绿色行业技术复杂度年均增速高达18.1%;石油、炼焦及核燃料加工业,化学工业,金属制造业,非金属矿物制品业和其他制造业绿色价值链攀升速度较快,2010~2019年各行业绿色行业技术复杂度年均增速均在10%以上;纺织业、食品制造业和通信及电子设备制造业价值链攀升速度较慢,2010~2019年各行业绿色行业技术复杂度年均增速低于10%。

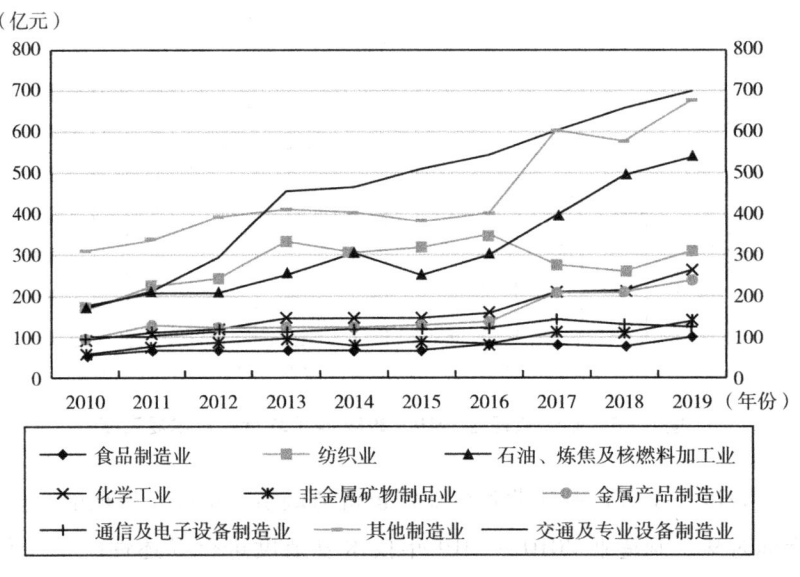

图5-4 制造业各行业2010~2019年行业技术复杂度

5.3 OFDI 对制造业绿色价值链分工地位的影响路径分析

5.3.1 产出增长效应

OFDI 具有逆向技术溢出效应，其通过技术溢出提升制造业企业技术创新能力，可推动企业向高附加值方向发展，主要表现为技术进步、市场竞争以及要素优化配置推动制造业产出增长，从而推动母国价值链由低端环节向高端环节攀升。

（1）OFDI 获得的逆向技术溢出对母国的技术进步产生显著的正效应（Lichtenberg and Potterie，2001）[159][158][157]。OFDI 逆向技术溢出通过绿地投资、跨国并购与技术联盟等渠道帮助企业获取东道国技术资源，为母国制造业带来先进技术，进而推动母国制造业行业技术升级与产出增长，实现产业链升级。首先，企业进行绿地投资在海外建立独资或合资企业，有效打破行业壁垒等情况限制，子公司与母公司之间进行技术交流，更加有效获取与吸收投资东道国的技术溢出，推动母国制造业企业技术进步。其次，企业兼并或收购当地企业掌握企业所有权，直接获取当地被收购企业已有技术成果，促进母国企业技术进步。同时，母国企业可以通过技术联盟方式实现与技术优势企业的资源共享，短时间内降低获得先进技术的成本，加快推进母国企业技术进步。技术溢出需要技术成果转化才能有效为母国企业所用，提升其生产能力。产品、人员以及知识流动等作为技术溢出的载体，母公司与子公司之间通过载体以"学习效应""干中学"以及人才交流等方式吸收技术，不断实现技术成果转化，从而实现产出增长，推动制造业价值链从低端向高端攀升。（2）OFDI 逆向技术溢出不仅能够提升企业技术水平，而且能够提升企业市场竞争力。首先，OFDI

会加剧市场竞争的强度，加剧制造业企业面临的市场竞争压力，企业面临国内与全球各国企业激烈的市场竞争，多重竞争压力迫使企业提高自身竞争力，提升国际分工地位，进而扩大制造业出口额，推动价值链优化升级（尹斯斯、高云舒，2016）[160]。其次，OFDI 逆向技术溢出通过技术进步与竞争效应促使母国企业生产技术水平提升，为制造业企业产品研发和生产创造条件，提升企业产品附加值。高附加值产品在全球市场竞争中更具优势，帮助制造业企业逐步扩大全球市场份额，实现产出增长，进而推动价值链优化升级。最后，OFDI 通过绿地投资、企业收购或兼并等方式，有效打破东道国制造业贸易保护壁垒，母国企业积极参与东道国市场竞争，扩大市场份额，提升母国制造业出口增长率，实现价值链条优化升级。（3）OFDI 技术溢出对于价值链的升级作用不仅在于技术进步，更在于要素优化分配效应。我国 OFDI 逆向技术溢出增加确实能够对能源利用效率提升产生正向影响（王丽、韩玉军，2018）[161]。换言之，OFDI 的逆向技术溢出不仅作用于技术创新能力的提升，更作用于效率的提高。首先，OFDI 逆向技术溢出效应通过多渠道提升了国内企业技术水平，推动国内企业资源利用效率提升，促进企业生产能力提升，推动价值链的攀升。其次，OFDI 竞争效应使低效率、低附加值企业退出市场，根据生产要素优化分配效应，其生产要素流向高效率、高附加值企业，国内有限资源实现优化配置，提升企业增加值与价值链分工地位。

5.3.2 污染物减排效应

OFDI 不仅作用于企业的经济价值，同时作用于企业的绿色价值与社会价值。（1）随着环境污染问题日益严峻，东道国环境规制成为影响母国污染物减排的重要因素。对外直接投资发展中东道国愈加重视投资中的环境污染问题，环境污染成为我国企业对外直接投资的重要阻力，面对激烈的市场竞争，对低污染、高效率的不断追求也会倒逼母国企业不断增强自身的绿色创新能力（李霞，2015）[162]，减少污染物排放。（2）随着国内人口红利逐渐消失等因素影响，OFDI的全球化资源配置会促进产业结构升级，促进重能耗重污染产业污染物排放不断减少。OFDI通过连接母国企业的对外交流，充分参与全球产业链重构，发挥对外直接投资的"边际产业转移效应"，边际产业的转移实现国内资源重新配，提高资源配置效率，对母国国内不合理的产业结构进行调整（白俊红、刘宇英，2018）[163]。OFDI将国内不再具有比较优势的高污染、低附加值产业进行产业转移，为优势绿色产业腾出发展空间，助推低污染、高附加值产业发展，整体产业环保指数上升，污染物排放减少，污染治理成本下降，绿色行业技术复杂度提高，逐步实现绿色价值链的优化升级。

5.3.3 绿色价值链升级效应

OFDI不仅能够促进企业污染物减排和产出增长，而且对价值链条转化与攀升具有重要作用。（1）OFDI的价值链条绿色转化效应。OFDI的绿色技术溢出通过产业竞争效应，对制造业同一产业内部企业优胜劣汰，将绿色生产技术水平较低且污染严重的部分母国企业淘汰，生产要素流向绿色生产技术水平较高且更为环保的企业，从而使行业整体技术水平与环保程度提高，整体向能源节约型与环境友好型的方向发展，逐步实现绿色价值链的攀升（王文等，2014）[164]。（2）OFDI的绿色价值链环节攀升效应。OFDI通过产业关联效应与竞争效应，通过上下游企业间的技术交流，推动产业间绿色技术进步，促进国内产业结构优化，从而促使整体制造业绿色价值链环节攀升。

对外直接投资的偏向性
技术进步效应对制造业
绿色价值链攀升的
影响研究
Chapter 6

第6章 对外直接投资对制造业绿色价值链攀升的CGE模拟分析

为考察 OFDI 的偏向性技术进步效应对制造业绿色价值链升级的影响，本章在标准 CGE 模型框架下作出两处调整：一是将偏向性技术进步纳入生产模块；二是引入绿色价值链模块，并以第 3 章构建的 2018 年中国社会核算矩阵为基础数据，建立中国 22 部门 CGE 模型。在此基础上，运用情景模拟和对照分析的方法，施加差异化 OFDI 政策及能源环境税政策独立冲击及复合叠加冲击，模拟分析不同政策冲击对我国制造业部门产出、污染物减排以及绿色价值链分工地位的影响。

具体情景设定包括两个方面：一方面是基准情景。即以我国经济社会发展和能源消耗现状为出发点，综合考虑技术进步等一系列重要经济指标模拟得出，其结果反映我国制造业在未来发展中不受到任何外界冲击或政策干预时，部门产出、污染物减排与绿色价值链分工地位等方面的发展趋势，并将之设定为基准情景，与政策模拟结果加以比较。另一方面是政策情景。从我国深入推进"走出去"战略与推动制造业绿色发展的现实背景考虑，相应设置两类政策情景：一是 OFDI 政策。结合我国制造业部门对外投资的经验数据，设定加速与衰退两档增长情景，以此来反映制造业 OFDI 规模未来可能存在的扩张与收缩趋势。二是能源环境税政策。旨在控制能源使用和污染物排放，设定两类征税情景，拟对能源生产部门与制造业部门分别征收能源税和污染税。在实际模拟过程中，仅调整不同方案中涉及的政策变量，保持其他条件不变，将 OFDI 政策与能源环境税相组合，分别进行静态与动态模拟，计算各政策模拟情景中有关变量相对于基准情景中相应变量值的变化率，从制造业产出、污染物减排以及绿色价值链分工地位三个维度全面考察不同政策模拟方案的作用效果。

6.1 基准设定

按照本书的研究框架，本章在前面研究基础上，一方面对 CGE

第6章 对外直接投资对制造业绿色价值链攀升的CGE模拟分析

模型构建所涉及的其他外生变量设定情况进行了补充说明,另一方面详细阐述了OFDI政策与能源环境税政策的设定依据以及具体方案设计。

6.1.1 外生变量设定

CGE模型的构建过程中,除了需要编制主要数据来源SAM表外,还需要设定若干参数,包括替代弹性、份额参数等,这部分参数设定已在第3章中提到,不再赘述。此外,构建动态模块还必须对人口增长率、全要素生产率等参数作出设定,目的在于动态分析在OFDI政策和能源环境税政策情景下,我国制造业部门产出、减排效应及其绿色价值链分工地位变化的长期趋势。具体的外生变量设定如下。

(1) 人口、城市化和工资。

关于人口增长率的设定。学术界对于我国未来人口发展趋势的预测大致相当,总体而言,今后我国年均人口增长率将逐步放缓。借鉴陈霞等(2020)[165]的做法,利用Logistic种群增长模型,结合群体增长的收获函数改进模型,利用OLS原理和Matlab软件对改进模型进行参数估计,通过曲线拟合对比验证了该参数估计的方法能取得较好的效果,并将其用于我国人口预测。因此,动态模块中人口增长率参考陈霞等(2020)[165]Logistic模型的预测数据,即到2025年我国人口总数将达到14.22亿人,到2030年我国人口总数将达到14.34亿人。

基于上述人口增长率的预测结果,模型中对人口增长率的设定如下:2018年的人口数据为2018年《中国统计年鉴》和2018年《国民经济和社会发展统计公报》中的实际统计数据(国家统计局,2019b;国家统计局,2020),基于2018年实际人口数量和2025年、2030年的预测值,可计算2021~2025年、2026~2030年两个阶段的人口增长率,假设在每个阶段内各年份间的人口增长率相同。

关于城市化水平的设定。城市化水平的提高意味着非农业人口、非农业地域、非农业活动的大量增加。根据我国《国民经济和社会发展第十四个五年规划纲要》的主要发展指标,城市化率将从2020年的60.6%提高到2025年的65%,年均提高0.88个百分点。联合国预测,我国城市化水平在2030年将达到70%,这一估计略高于"十四五"规划的城市化增速,也有学者预期在更长的时期内我国城市化率可能会略有放缓。乔文怡等(2018)[166]通过构建我国城镇化系统动力学模型,预测到2025年我国城市化率将达到64.9%,到2035年达到72.9%,年均增速为0.8个百分点。

基于上述预测,对于外生变量城市化率的基准设定是:2018年的城市化率来自实际统计数据(国家统计局,2018b;国家统计局,2019);依据我国"十四五"规划目标,2021~2025年城市化率年均增长0.88个百分点;2026~2030年城市化率增长略有放缓,城市化率年均增长0.8个百分点,到2030年中国城市化率将达到71.9%的水平。

关于劳动力工资率的设定。假定实际工资率为外生变量且存在滞后调整,同时根据城市化水平确保其外生性,工资增速与上期的增长速度保持同步。

(2)全要素增长率(TFP)。

党的十九大报告明确指出"提升全要素生产率是实现经济高质量发展的重要可依赖路径"。与全要素生产率相关的实证研究表明,一国经济的快速增长通常伴随着TFP的快速增长,增长率在2%~5%之间(李元龙,2011)[129]。就我国而言,TFP增长自1998年以来明显提高较快,近年来增长率有所放缓。1998~2007年,我国TFP稳步上行,受2008年金融危机的影响,TFP增速有所放缓,整体表现波动较大,TFP增长率在2010~2018年的年均增长率仅仅只

第6章　对外直接投资对制造业绿色价值链攀升的CGE模拟分析

达2.1%。

为得到确定的GDP以及制造业各部门产出增长路径，在构建递推动态CGE模型时，假定制造业全部门的TFP和特定部门的生产率内生化。在动态模型中相关参数设定完成后，再将TFP增长率作为外生变量，GDP增长率作为内生变量，以获得长期的模型均衡解。需要说明的是，动态CGE模型模拟得到的内生变量GDP值与预期确定的GDP值有所偏差，而校准的过程主要针对增长路径不要落入预期的范围之外。这样的处理方法误差较小，避免了误差较大的问题，有利于增强模型结果的稳健性。

基于上述方法，模型中对TFP增长率的设定是：首先，参考现有学术界研究成果确定制造业各部门TFP的初始值，通过调整生产模块中的规模参数实现；其次，根据2017~2019年GDP增长的实际值和2021~2030年年均6%的GDP增长率进行适当校准；最后，根据校准结果确定TFP的实际值。

（3）能源环境相关技术。

基于实现绿色价值链升级的制造业转型诉求，需要在模型中设定与能源消耗、环境污染等相关的外生变量，如碳排放系数、排放治理率、能源损失率等变量，假定这类参数保持增长率为0，也就是基期水平保持一致。

（4）对外直接投资水平。

在对外开放的大背景下，中央和地方各级政府出台多项涉及对外直接投资的文件以提供政策支持，我国企业"走出去"呈现出创新化、高效化、平稳化的特点，营商环境得到了进一步的优化，加快了企业融入国际市场的步伐，对外投资规模和领域逐步扩大，我国已成为足以影响世界投资趋向的投资大国。"十三五"期间，我国OFDI发展成就斐然，累计对外投资达7881亿美元，较"十二五"增长46.2%，占全球比重连续五年超过一成；2020年，我国OFDI逆势增长，流量达1537.1亿美元，首次跃居世界第一，占全球份额的

20.2%；对"一带一路"沿线国家当年实现直接投资 225.4 亿美元，占我国同期投资流量的 14.7%，我国对外投资在全球投资市场中的影响力不断扩大。与此同时，受世界经济下行压力、贸易保护主义抬头以及新冠肺炎疫情等冲击，各国贸易摩擦和投资壁垒增加，全球投资市场不确定性和风险性上升，我国 OFDI 面临多重外部挑战（刘源丹等，2021）[120]。但我国扩大高水平对外开放的整体战略不会改变，推动开放型经济腾飞更离不开推进 OFDI 的继续发展。对标"十三五"时期已取得的成就和"十四五"时期经济社会发展主要目标，商务部提出了"到 2035 年对外投资合作水平要明显提高，双向投资保持世界前列，质量效益不断提升"，在 2021~2025 年五年期间 OFDI 总计达到 5500 亿美元的预期指标。

基于上述政策导向与发展规划，并考虑到近年来新冠肺炎疫情对于对外投资合作的影响，模型中对基准情景中 OFDI 水平的设定是：2019 年、2020 年的 OFDI 数据来自商务部的实际统计数据：分别为 1171.2 亿美元、1102 亿美元；2021~2030 年的 OFDI 年均增长设定为 3%。

6.1.2 对外直接投资政策设定

本书重点从 OFDI 视角切入，研究其对制造业绿色价值链攀升可能存在的影响，因此，对 OFDI 政策情景设定是进行 CGE 模拟的重要环节，本部分以当前我国 OFDI 发展现状与最新国际形势等宏观环境变化政策设定依据进行方案设计。

OFDI 是一个国家（地区）走向国际市场所采取的一种重要形式，"走出去"战略作为大国战略的重要构成之一，其战略地位日益凸显。中央政府针对对外直接投资管理改革，先后颁布了一系列文件，规范方向包括审批机制、监管机制以及投资积极性等问题，取得了一定的成效。同时，政府对特定行业对外投资的支持力度，发挥了

第6章 对外直接投资对制造业绿色价值链攀升的 CGE 模拟分析

国有企业对于中小企业积极"走出去"的带动性,企业全球资源配置能力不断增强,投资主体逐渐多元化,投资行业日趋广泛。2013年,"一带一路"倡议作为我国开放型经济发展新阶段的重要开放策略,突出强调"加快投资便利化进程,消除投资壁垒,加强双边投资保护协定",为进一步推动我国企业参与 OFDI 活动提供了更多合作平台、机遇与保障。据商务部统计数据显示,2020 年我国对"一带一路"沿线国的非金融类直接投资额达 177.9 亿美元,同比增长18.3%,约占同期我国对外非金融类直接投资的 16.2%,我国对外投资呈现有序健康发展态势。

与此同时,"十三五"时期,我国也面临了严峻国际形势挑战,特别是 2020 年,中美贸易冲突叠加席卷全球的新冠肺炎疫情,对我国企业的国际化进程造成了极大影响。新冠肺炎疫情暴发以来,各国政府纷纷采取封闭隔离措施,避免疫情的加剧蔓延,这从客观上也助长了全球范围内的保护主义、排外主义等"逆全球化"的思潮,我国企业"走出去"面临严峻风险和挑战,我国 OFDI 规模已经从 2016 年的历史高峰(1961.5 亿美元)滑落至 2020 年 1537.1 亿美元。2020 年《世界投资报告》显示,2019 年发达经济体共出台 15 项涉及国际投资的政策,其中限制性投资政策达到了 73.3%。美国、法国、意大利等欧美发达国家以国家安全为由,加强了对外资的审查,采取了更多的限制性投资政策,发达国家间趋紧的外资政策相互联动,而且针对中国资本的意图愈加明显。

结合我国制造业 2010~2019 年的 OFDI 历史数据与变动趋势考察,发现其增长率基本保持在 8%~30%,基于我国 OFDI 波动较大的现实情况与上述宏观发展环境,设定两档 OFDI 政策情景:制造业各部门 OFDI 增加 10%(OFDI 加速情景,INC 情景);制造业各部门 OFDI 减少 10%(OFDI 衰退情景,DEC 情景),目的在于模拟分析 OFDI 不同发展趋势对制造业部门产出、污染物排放和绿色价值链分工地位变动的影响,方案设计如表 6-1 所示。

表6-1　　　　　　　　OFDI 政策情景设置

情景名称	情景编号	变量冲击
OFDI 加速情景	INC 情景	制造业各部门 OFDI 在基准情景基础上增加 10%
OFDI 衰退情景	DEC 情景	制造业各部门 OFDI 在基准情景基础上减少 10%

6.1.3　能源环境政策设定

绿色发展问题的规范手段以经济、行政、法律手段为主，具体包括行政处罚、财政补贴、税收和交易许可证等多种政策工具，其中，税收政策是国家整体宏观经济政策的有机组成部分，是政府调控的一个重要工具，常用的是税收政策的调节，也是众多学者运用 CGE 模型开展深入研究的领域之一。因此，对于促进制造业绿色价值链向高位攀升而言，在考虑 OFDI 的偏向性技术进步效应影响前提下，有必要研究能源环境税等税收手段能否起到辅助作用，并相应地设计能源环境税政模拟情景。

能源环境税政策情景包括两种方案。

一是能源税情景（ENE 情景），主要指对煤炭、石油、天然气三个化石能源部门从生产端征收能源税，采用生产者付费的原则。借鉴胡应得等（2011）[167]的做法，假设对能源产品征收 150 元/吨标煤的能源税，并按照 CGE 模型的运行规则将从量税转换为从价税后，煤炭、石油、天然气的税率依次为 25%、8.5% 和 9%。作为遏制使用污染能源的重要手段，能源税在节能减排方面成效显著，能够促进制造业生产摆脱资源约束的影响、提升经济效率。

二是污染税（POL 情景）。主要指对九个制造业部门按照污染物排放量征收污染税，采用排放者付费的原则，通过利用各部门污染排放量与部门产出之比得到各部门相应的从价税率。我国自 2018 年 1 月 1 日实施《中华人民共和国环境保护法》，旨在促进节能减排、

第6章 对外直接投资对制造业绿色价值链攀升的 CGE 模拟分析

加强环境保护、推进生态文明建设，实现经济高质量发展。环境税增加了重污染行业的生产成本，这对高耗能、高污染行业的资本形成反向激励，从而实现污染减排，进而实现经济高质量发展。同时，环境税收为政府污染治理支出和财政支持绿色金融提供了资金来源，这有利于财政和金融政策形成政策合力（牛欢等，2021）[168]。

以上两类税收作为绿色税收体系的组成部分，在功能上存在一定的区别，能源税是对化石能源生产量进行调节，以从源头控制化石能源生产、调整化石能源价格为手段，以实现节能减排为目的。污染税以直接减少污染物排放为目标，遵循谁污染谁付费的原则，主要针对制造业企业的污染物排放环节进行调节。但是，为了避免两者的统一性所带来的一方面的调节受另一方面影响的问题。在本章研究中，设定征收能源税和污染税两种模拟方案，以研究能源消耗与污染物排放方面的不同征税方式的政策效应。具体能源环境税政策情景设置如表 6-2 所示。

表 6-2　能源环境税政策情景设置

情景名称	情景编号	变量冲击
能源税	ENE	对煤、石油、天然气 3 个化石能源生产部门征收能源税
污染税	POL	对 9 个制造业部门征收污染税

在进行静态与动态 CGE 模拟时，首先，施加单一 OFDI 政策冲击，分别模拟 OFDI 增长与衰退两种情况下经济系统的变化；其次，将两档 OFDI 政策与两种能源环境税政策进行复合冲击，形成 4 种模拟方案，政策组合如表 6-3 所示，从静态和动态两个方面全面评估政策影响。

表 6-3　OFDI 政策与能源环境税政策组合方案设置

情景名称	情景编号	变量冲击
OFDI 加速情景 + 能源税情景	INC + ENE	制造业各部门 OFDI 增加 10%；对 3 个化石能源生产部门征收能源税
OFDI 加速情景 + 污染税情景	INC + POL	制造业各部门 OFDI 增加 10%；对 9 个制造业部门征收污染税

续表

情景名称	情景编号	变量冲击
OFDI 衰退情景 + 能源税情景	DEC + ENE	制造业各部门 OFDI 减少 10%；对 3 个化石能源生产部门征收能源税
OFDI 衰退情景 + 污染税情景	DEC + POL	制造业各部门 OFDI 减少 10%；对 9 个制造业部门征收污染税

6.2 政策情景静态模拟分析

6.2.1 OFDI 政策静态模拟分析

(1) 制造业部门产出。

图 6-1 显示的是施加 OFDI 政策冲击后对制造业部门产出的影响，发现在 OFDI 增长和衰退两种模拟情景下，对我国制造业部门产出水平都造成不同程度的冲击。

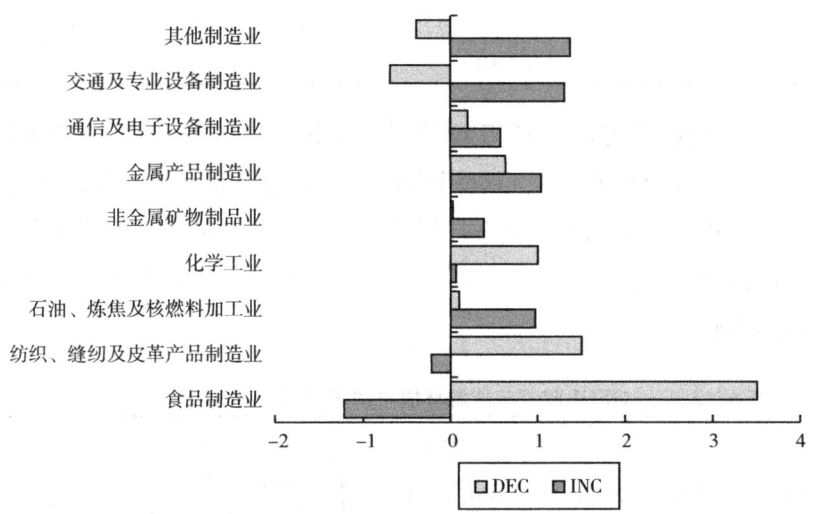

图 6-1 OFDI 政策下制造业各部门产出变化（单位:%）

第6章　对外直接投资对制造业绿色价值链攀升的CGE模拟分析

一方面，当OFDI规模增加10%时，大多数制造业部门产出较基期水平明显提升，食品制造业、纺织业分别下降了1.22%、0.22%。其可能原因在于，食品制造业和纺织业同属劳动密集型行业，根据本书第4章的研究结论，OFDI规模的扩大会促进技术进步偏向于资本，进而影响到国内行业的劳动力使用决策，纺织业等低端制造业基于劳动力成本等考虑，可能会转移到生产要素丰富且廉价的国外进行生产，加快其产业链转移进程，从而延长产品的生命周期，造成其国内产出下降。

另一方面，当OFDI规模减小10%时，石油工业、化学工业、非金属矿物制品业、金属产品制造业、通信及电子设备制造业、食品制造业、纺织业产出都显著增加，仅有交通及专业设备制造业、其他制造业有所下降。这基本符合预期，对外投资减少，释放了一定国内生产要素，这些生产要素中一部分会流向其他产业，其他部分也会流向制造业各细分行业，促进制造业部门扩大生产，增加产出。

（2）污染物治理成本。

污染治理成本包括实际治理成本与虚拟治理成本。实际治理成本即环境污染治理投资总额。虚拟治理成本采用维护成本定价法进行估算。在本书5.1.1部分已经给出了污染物治理成本的核算方法，即：

$$V = \sum_{i=1}^{n} M_i \times X_i \text{。}$$

其中，V为虚拟治理成本；M为污染物排放量；X为污染物单位治理成本；i为第i项污染物；n为总共有n项污染物。结合环境统计资料中的数据，核算对象包括废气中的二氧化硫、氮氧化物、工业烟尘、工业粉尘，废水中的化学需氧量、氨氮，固体废物中的一般工业固体废弃物。

根据图6-2所显示的制造业各部门污染物治理成本变化情况分析，在OFDI实现加速增长情景中，能够降低非金属矿物制品业、其他制造业、交通及专业设备制造业等五个制造业部门的污染物治理成本，其中金属产品制造业成本下降幅度最大，相比基准情景减少近

6%。这可能是由于 OFDI 通过偏向性技术进步效应和产业转移效应提高了我国制造业资本要素和劳动要素的边际产出,促使企业在实际生产中以资本和劳动相应替代能源要素的投入,直接减少了能源消耗减少与污染排放;此外,在国内资源约束趋紧、绿色发展要求下,部分行业的高能耗特性促使制造业部门改进技术,能够促进资源利用效率的提高,在一定程度上减少了污染物治理成本,在节能减排领域起到良好的示范效应。在 OFDI 衰退情景中,化学工业、食品制造业、石油及核燃料加工业三个部门之外的污染物治理成本减少,其余各部门的污染物治理成本均显著增加。

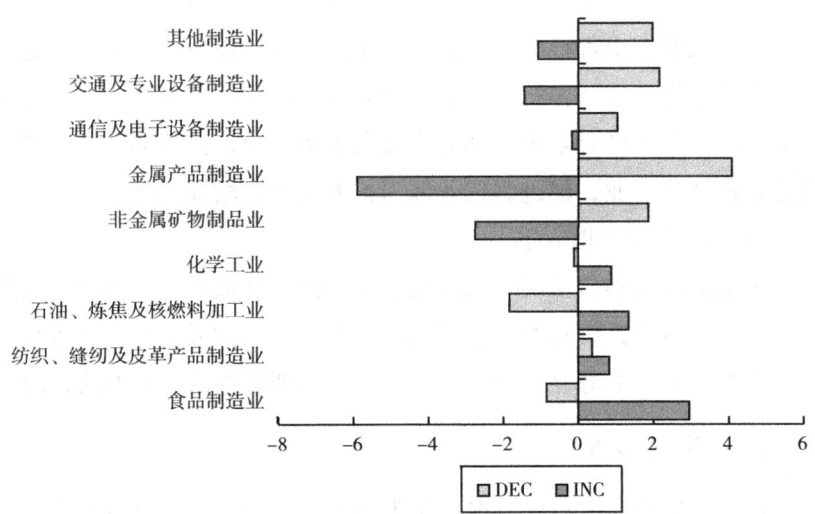

图 6-2 OFDI 政策下制造业各部门污染物治理成本变化(单位:%)

(3) 绿色价值链分工地位。

在本书第 5 章,已经梳理了国内外有关价值链分工地位以及绿色价值链分工地位测度的相关研究。本章仍沿用前面做法,将绿色增加值和环境治理成本纳入出口技术复杂度核算之中,因此,本章采用绿色行业出口技术复杂度这一指标来衡量制造业各部门绿色价值链分工地位,绿色行业出口技术复杂度计算公式为:

第6章 对外直接投资对制造业绿色价值链攀升的 CGE 模拟分析

$$GESI_{ji} = \frac{X_{ji}/ISOV_{ji}}{X_j/ISOV_j}AGGISAV。$$

其中，X_j 表示 j 国所有产品出口总额，X_{ji} 表示 j 国 i 产业产品出口总额。$ISOV_j$ 为 j 国工业销售产值，$ISOV_{ji}$ 为 j 国 i 产业工业销售产值。

图 6-3 反映了单一 OFDI 政策对制造业细分部门绿色出口技术复杂度的影响，可以发现，OFDI 增加 10% 对制造业部门绿色出口技术复杂度有显著的提升作用，有利于我国制造业绿色价值链攀升；OFDI 减少 10% 则会对制造业绿色出口技术复杂度造成负面冲击。这充分表明，促进 OFDI 的发展是提升我国制造业绿色价值链分工地位的有效路径。发达国家在清洁能源、节能材料、废物循环利用等绿色技术领域领先于发展中国家的技术水平，母国制造业企业通过逆梯度投资活动，充分利用其偏向性技术进步效应，接触并学习东道国绿色先进技术、科学管理体系及经营理念等，通过人员流动效应将获得的知识和技术反馈到母国企业，提高母国企业技术水平，母国企业进一步通过竞争效应、示范效应和模仿效应在行业间传递，提升行业的绿

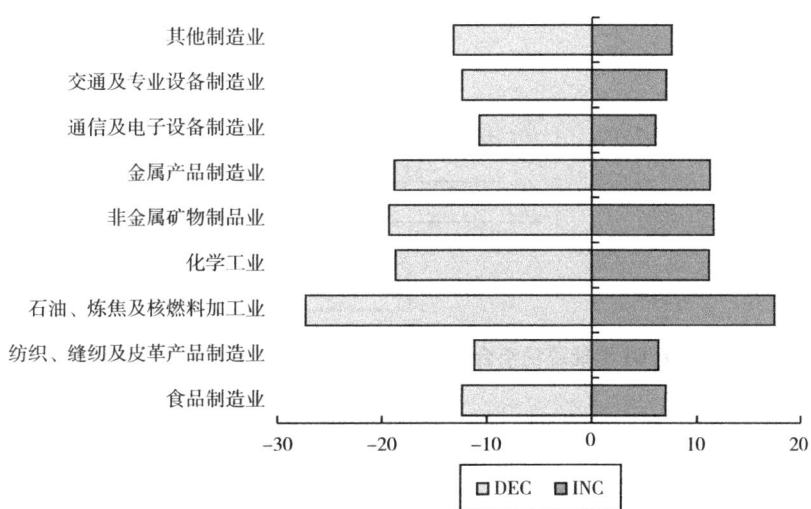

图 6-3 OFDI 政策下制造业各部门绿色行业出口技术复杂度变化（单位：%）

色技术创新能力、绿色技术研发效率以及绿色成果转化效率,从而有利于推动制造业绿色价值链整体升级(杨世迪等,2020)[124]。

6.2.2 OFDI与能源环境组合政策静态模拟分析

(1)制造业部门产出。

组合政策主要考察在OFDI政策冲击下,分别叠加能源税和污染税冲击,对制造业产出、污染物治理成本以及绿色价值链分工地位的影响。图6-4、图6-5依次反映了制造业部门产出水平在OFDI政策+能源税政策(INC+ENE情景、DEC+ENE情景)、OFDI政策+污染税政策(INC+POL情景、DEC+POL情景)中模拟值相比基期值发生的百分比变化。

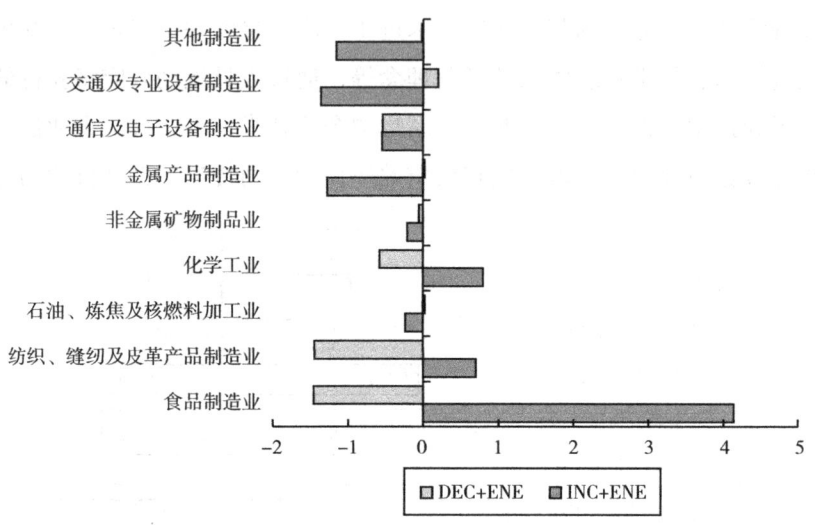

图6-4 OFDI和能源税组合政策下制造业各部门产出变化(单位:%)

当OFDI增加10%时,对能源生产部门征税,在制造业九个细分行业中,其他制造业、交通及专业设备制造业、通信电子设备制造业、金属产品制造业、非金属矿物制品业、石油及核燃料加工业等过半数行业产出下降明显;当直接对制造业部门征收污染税时,制造业

第6章　对外直接投资对制造业绿色价值链攀升的 CGE 模拟分析

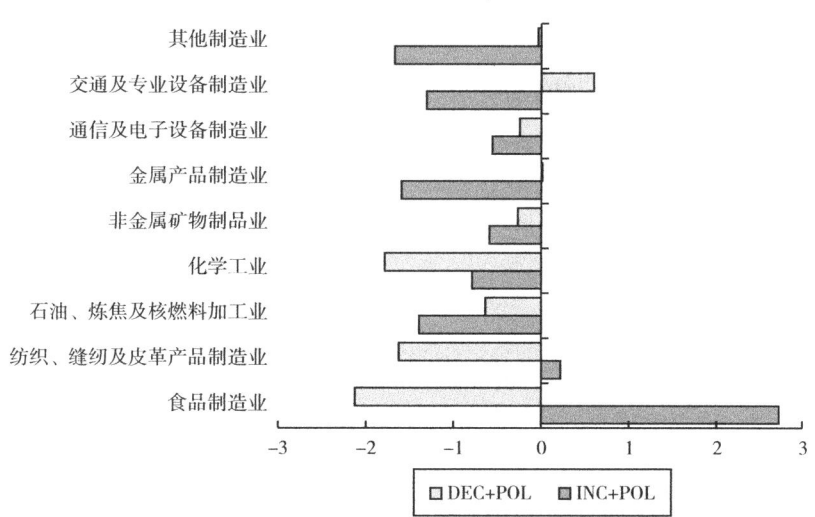

图6-5　OFDI 和污染税组合政策下制造业各部门产出变化（单位：%）

行业产出基本上都出现不同程度的下降，且征收污染税对制造业产出的负面波及影响大于征收能源税。这可能是因为能源税征税环节设定在化石能源部门，推升了生产函数中能源产品的价格，而这些行业又多为高耗能、重污染制造业部门的上游产业，导致制造业容易受到税负转嫁，能源产品成本的增加间接促使企业倾向于减少生产，负面冲击作用相对有限；污染税直接对制造业部门的污染物排放征税，特别是抑制了污染密集型部门的发展，倒逼其调整技术水平、产品结构等，从而对部门生产投资模式和产能调整等产生影响。

当 OFDI 减少 10% 时，不论是加征能源税还是污染税，都会造成制造业部门产出水平普遍下降，尤其是在征收污染税情况下，制造业行业产出较基期情景下降幅度更大，说明在 OFDI 衰退情景中，若施加能源税与污染税等税收约束，会对制造业部门发展产生不利影响。

（2）污染物治理成本。

图6-6 显示了 OFDI 和能源税组合政策情景下制造业各部门污染物治理成本变化情况，图6-7 反映了 OFDI 和污染税组合政策情

景下制造业各部门污染物治理成本变化情况,由此可以评估不同政策组合中制造业部门的减排效应。

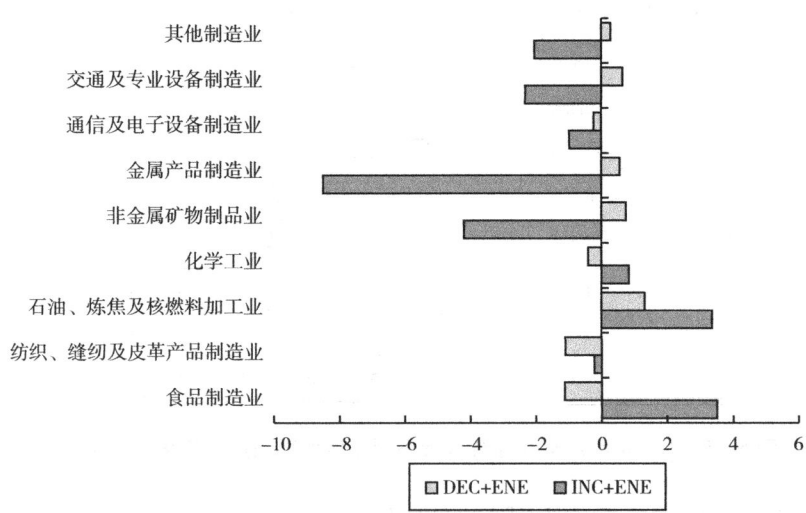

图6-6 OFDI和能源税组合政策下制造业各部门
污染物治理成本变化(单位:%)

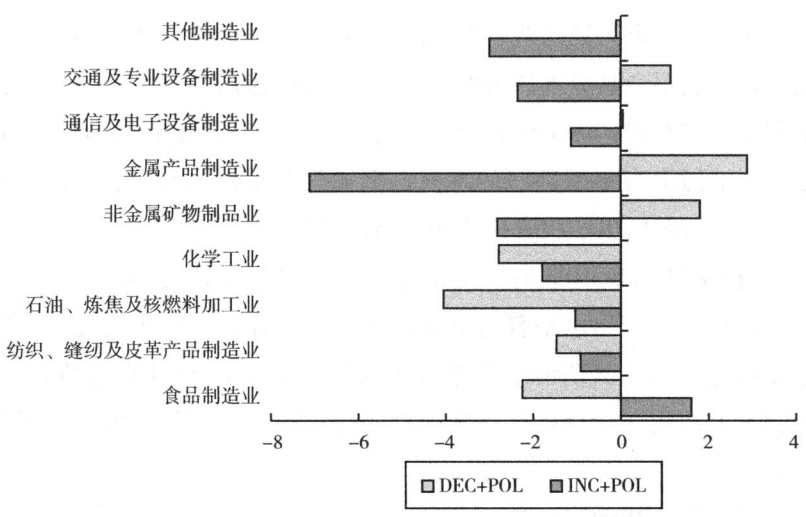

图6-7 OFDI和污染税组合政策下制造业各部门
污染物治理成本变化(单位:%)

第6章　对外直接投资对制造业绿色价值链攀升的CGE模拟分析

当OFDI提高10%时,能源税的征收能够显著降低金属产品制造业(-8.48%)、非金属矿物制品业(-4.18%)、交通及专业设备制造业(-2.32%)、其他制造业(-2.03%)等部门的污染物治理成本;而污染税的实施的节能减排效果更有效,除食品制造业外,化学工业(-1.79%)、石油及核燃料加工业(-1.04%)等8个部门的污染物治理成本均显著减少。而在OFDI规模缩小情景下,施加能源税与污染税冲击,则会产生截然不同的结果,造成制造业部门污染物治理成本普遍上升。污染税作为一种对企业减排行为直接规制的手段,能够对企业生产经营施加约束,当企业积极开展OFDI活动时,为降低污染物减排成本,一方面会积极发挥技术进步效应,利用技术进步的偏向性减少对能源要素的使用;另一方面,污染性制造业可能会转移至环境规制标准较低的地区投资生产,减少国内污染物排放。

(3)绿色行业出口技术复杂度。

图6-8、图6-9分别是OFDI和能源税组合政策、OFDI和污染税组合政策情景下制造业各行业绿色出口技术复杂度的变化,可以据此分析得出不同模拟方案中我国制造业绿色价值链分工地位的变动情况。

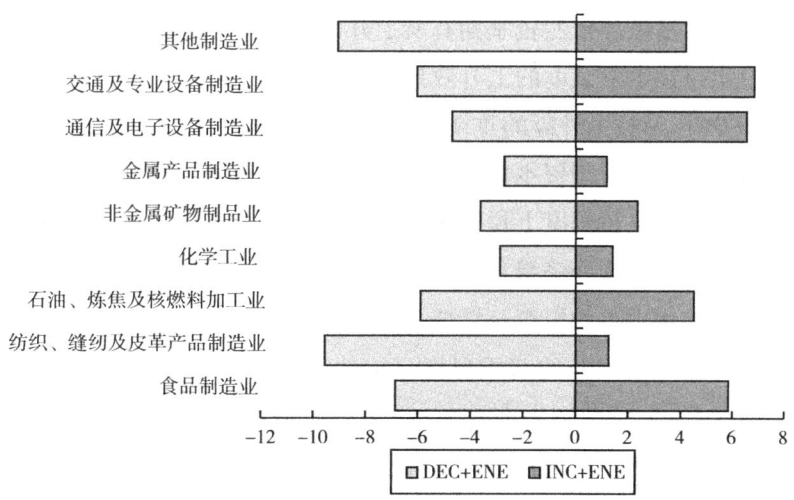

图6-8　OFDI和能源税组合政策下制造业各部门绿色
出口技术复杂度变化(单位:%)

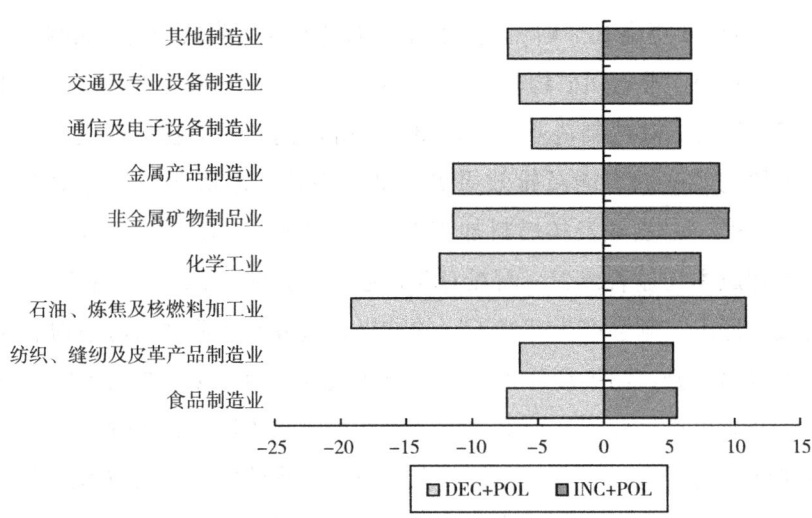

图 6-9 OFDI 和污染税组合政策下制造业各部门绿色出口技术复杂度变化（单位:%）

在施加 OFDI 正向政策冲击时，会促进我国制造业绿色出口技术复杂度提高，在组合政策情景下，继续加入能源税或是污染税冲击，均不会改变单一 OFDI 的政策效果，也就是说，所有制造业部门的绿色出口技术复杂度依然较基期有所上升的，且加征污染税后，各行业的绿色出口技术复杂度的上升效果更显著。本书第 4 章的研究结果表明，OFDI 作为技术外溢的重要渠道，可以显著促进我国制造业发生技术进步偏向，对于资本偏向型技术进步和劳动偏向型技术进步效果更为显著，在某种程度上说呈现能源节约型技术进步的趋势。而偏向性技术进步是实现经济绿色转型的重要手段，当经济增长中的技术进步偏向于使用更少的资源环境要素时，技术进步可以有效地实现节能减排和促进经济增长的双重目标（何小钢等，2015）[169]。制造业行业以 OFDI 方式获取到先进的生产技术，如减排技术等，可能起到促进产业内部绿色增长的作用。另外，对制造业部门征收污染税，使环境污染的外部成本被转移至企业生产成本，直接增加了企业所需支付的遵规成本，引起企业利润下降和生产性投资减少。企业会增加对清洁能源的使用,从而减少自身污染治理成本,同时加大对清洁能源、清洁技术、清洁设备的研发投入。绿色制造业企业代替高污染企业占据更多的市场份额,促进了行业内资源配置,最终体现为出口产品技术含量提高,进而实现制造业绿色行业出口技术复杂度的提升。因此,扩大 OFDI 规模并对制造业部门征收能源税或污染税是一种促进制造业绿色价值链升级的有效途径。

6.3 政策情景动态模拟分析

静态分析主要从短期冲击角度考察政策作用,在动态分析部分,以 2018 年作为模拟基期,模拟期设定为 2020~2030 年,进行递归动态模拟,考虑到模型中部门类别、拟合时间段等因素,每五年对主要变量动态模拟数值进行整理分析,从而评估不同模拟政策的效应。

6.3.1 OFDI 政策动态模拟分析

(1) 制造业部门产出。

表 6-4 的第 1 至第 3 列模拟结果表示 OFDI 加速情景(INC 情景)对制造业部门产出的动态影响,表 6-4 的第 4 至第 6 列表示 OFDI 衰退情景(DEC 情景)下制造业产出的变化情况。

表 6-4　　OFDI 政策情景下制造业各部门产出动态变化　　单位:%

部门	INC			DEC		
	2020 年	2025 年	2030 年	2020 年	2025 年	2030 年
食品制造业	-0.03	0.57	0.45	0.05	-0.60	-0.30
纺织、缝纫皮革产品制造业	-1.05	2.04	1.52	1.01	-2.41	-1.21
石油炼焦核燃料加工业	0.55	1.59	0.87	-0.59	-1.47	-0.50

续表

部门	INC			DEC		
	2020年	2025年	2030年	2020年	2025年	2030年
化学工业	0.23	0.96	0.58	-0.26	-0.94	-0.34
非金属矿物制品业	1.06	0.26	-0.15	-1.15	-0.14	0.28
金属产品制造业	0.28	1.32	0.82	-0.34	-1.27	-0.47
通信及电子设备制造业	-0.03	1.42	0.81	-0.03	-1.52	-0.56
交通及专业设备制造业	0.57	1.74	1.04	-0.59	-1.69	-0.65
其他制造业	0.61	1.97	1.17	-0.67	-1.96	-0.74

从模拟结果可以看出，2020~2030年制造业9个部门的产出在INC情景中整体上呈现增长的趋势，其中，通信及电子设备制造业、交通及专业设备制造业等资本技术密集型行业的产出水平增加更为显著；从增长幅度来看，2025年各部门产出增长速度较快，2030年增长较基期情景变动趋于平缓。而在OFDI减少10%（DEC情景）下，制造业部门产出水平整体均出现了下降趋势，如果OFDI长期处于衰退发展，可能会对制造业产出水平产生较大的负面影响，由此，OFDI的发展与制造业国内产出存在密切关联。一方面，OFDI尤其是发展中国家向技术先进国家投资，可以在一定程度上获得偏向性技术溢出效应，而技术水平的提高可以改善全要素生产率，从而有效提升部门产出水平；另一方面，国内制造业对外投资可以充分利用当地的要素优势降低生产成本，同时利用剩余资金扩大其他阶段的投入与生产，有助于提升母国企业竞争力，对母国产出产生显著的促进作用。结合静态分析结果，可以发现，短期内扩大OFDI仅能促进部分制造业部门产出的提升，促进作用相对有限；而从政策长期影响来看，提升OFDI水平对保持制造业产出增长有着一定的促进效应。

（2）污染物治理成本。

OFDI两档增长情景（INC情景，DEC情景）对我国制造业各部门污染成本的动态影响如表6-5所示，模拟结果表明，在基准情景基础上加入OFDI增加10%的政策冲击后，模拟期内制造业各部门的污染物

第6章 对外直接投资对制造业绿色价值链攀升的CGE模拟分析

治理成本都显著下降,从产业部门来看,非金属矿物制品业、金属产品制造业治理成本变化率的绝对值逐渐增大,即污染物治理成本下降幅度最大;而DEC情景下制造业部门污染物治理成本与基期数值相比,总体都有所增加,且偏离程度越来越大。这表明OFDI的适度增加能够显著降低高能耗制造业部门的污染物治理成本,促进制造业的绿色发展进程,相反,减少OFDI不利于推进制造业部门的节能减排。

表6-5　　　　　OFDI政策情景下制造业各部门
污染物治理成本动态变化　　　　　　单位:%

部门	INC			DEC		
	2020年	2025年	2030年	2020年	2025年	2030年
食品制造业	-2.20	-1.28	-0.98	2.26	1.20	1.26
纺织、缝纫皮革产品制造业	-2.18	-3.02	-1.73	2.14	2.65	2.13
石油炼焦核燃料加工业	-3.97	-3.41	-2.12	4.02	2.69	3.25
化学工业	-1.19	-1.06	-0.62	1.14	1.10	0.92
非金属矿物制品业	0.55	-2.25	-2.19	-1.96	1.80	3.29
金属产品制造业	-1.01	-5.15	-4.01	0.70	4.07	5.52
通信及电子设备制造业	-0.47	-1.71	-0.75	0.41	1.68	1.03
交通及专业设备制造业	0.04	-2.21	-1.16	-0.08	2.28	1.62
其他制造业	-0.65	-2.54	-1.24	0.56	2.55	1.79

(3) 绿色行业出口技术复杂度。

OFDI的不同发展趋势还会对制造业部门的绿色出口技术复杂度产生影响,相应的政策动态模拟结果如表6-6所示。在INC情景中,以基准情景为参照标准,增加OFDI规模的10%,模拟结果均为正值,表明OFDI的增加对制造业各部门的绿色出口技术复杂度都产生了显著的促进作用,反映了制造业绿色价值链分工地位的提高;从时间维度来看,制造业部门绿色出口技术复杂度的提升呈现由快到慢的变化趋势,2025年的模拟数值相比基准情景增幅最高。在DEC情景中,OFDI减少10%对制造业各部门绿色出口技术复杂度产生负面冲击,即与基准情景相比,变化率均为负值。由此可见,提升OFDI水平是推进制造业绿色价值链升级的有效路径。其可能原因在于:制造业部门借助跨国并购或合作设厂等国际投资方式,能够实现研发资本与技术人员的跨国流动,进而发生技术进步偏向性的跨国传递,国内制造业企业由此能够直接接触到发达国家生产中的节能环保技术,并相对快速地进行吸收学习以缩小绿色技术差距,在提高产品技术含量的同时减少污染,为绿色价值链升级提供技术驱动力(聂名华等,2019)[170];此外,顺梯度OFDI具有低端生产环节转移效应,有利于发挥OFDI的集聚资源配置效应,利用转移机遇释放生产要素进入研发设计等技术环节,实现母国高端生产环节的聚集,从而也为提升国内制造业绿色价值链分工地位奠定基础(罗军等,2018)[171]。

表6-6 OFDI政策情景下制造业各部门绿色出口技术复杂度动态变化 单位:%

部门	INC			DEC		
	2020年	2025年	2030年	2020年	2025年	2030年
食品制造业	8.35	8.90	7.63	-7.06	-9.85	-7.89
纺织、缝纫皮革产品制业	15.80	8.89	7.24	-13.82	-12.00	-7.85
石油炼焦核燃料加工业	9.09	40.17	9.56	-5.87	-29.96	-12.75
化学工业	14.51	13.05	7.72	-11.93	-14.92	-9.01
非金属矿物制品业	15.27	15.23	8.69	-12.76	-16.83	-10.54
金属产品制造业	15.63	12.52	7.34	-12.98	-14.77	-8.83
通信及电子设备制造业	15.86	8.91	7.86	-13.89	-11.36	-8.33
交通及专业设备制造业	12.09	7.29	6.60	-10.39	-8.95	-6.84
其他制造业	12.77	8.61	7.84	-10.98	-10.04	-8.10

6.3.2 OFDI与能源环境组合政策动态模拟分析

(1)制造业部门产出。

与静态模拟思路一致,在考察单一OFDI政策的影响后,将能源

第6章 对外直接投资对制造业绿色价值链攀升的CGE模拟分析

环境税政策纳入模型，综合分析 OFDI 与能源环境税组合政策的影响，表6-7显示的是 OFDI 与能源环境税组合政策中制造业部门产出的动态模拟结果。

表6-7　　　OFDI和能源环境税组合政策情景下
制造业各部门产出动态变化　　　　　　单位:%

部门	年份	INC + ENE	DEC + ENE	INC + POL	DEC + POL
食品制造业	2020	0.57	0.63	-0.91	-0.84
	2025	1.11	-1.48	-0.26	-1.39
	2030	0.72	-0.19	-0.33	-1.06
纺织、缝纫及皮革产品制造业	2020	0.48	2.56	-2.29	-0.33
	2025	3.96	-0.55	0.63	-3.65
	2030	2.85	-0.51	0.24	-2.39
石油、炼焦及核燃料加工业	2020	1.77	0.54	-0.94	-2.11
	2025	2.97	-0.49	-0.11	-3.06
	2030	1.70	-0.22	-0.83	-2.15
化学工业	2020	0.99	0.56	-1.48	-2.03
	2025	1.96	-0.16	-1.06	-2.86
	2030	1.12	-0.15	-1.50	-2.35
非金属矿物制品业	2020	1.48	-0.64	0.50	-1.72
	2025	0.81	0.22	-0.49	-0.86
	2030	0.13	0.36	-0.98	-0.52
金属产品制造业	2020	1.56	0.91	-0.67	-1.31
	2025	2.78	-0.16	0.13	-2.37
	2030	1.66	-0.13	-0.44	-1.68
通信及电子设备制造业	2020	1.53	1.50	-0.83	-0.84
	2025	2.86	-0.23	0.51	-2.36
	2030	1.52	-0.20	-0.08	-1.42
交通及专业设备制造业	2020	2.07	0.80	-0.12	-1.26
	2025	3.29	-0.45	0.93	-2.40
	2030	1.99	-0.23	0.25	-1.39

续表

部门	年份	INC + ENE	DEC + ENE	INC + POL	DEC + POL
其他制造业	2020	2.39	1.01	-0.70	-1.99
	2025	3.83	-0.49	0.50	-3.29
	2030	2.29	-0.25	-0.24	-2.08

在基准情景基础上,当 OFDI 增加 10% 时,施加能源税冲击(INC + ENE 情景),长期内制造业各部门产出水平明显增加,且在 2025 年的增长幅度最大;而在对制造业各部门加征污染税的情景中(INC + POL 情景),剔除个别异常值外,大多数制造业部门的产出在模拟期内都为负百分比,产出呈现下降趋势。由此表明,从长期政策效果考虑,当 OFDI 呈现增长趋势时,加征能源税对制造业部门产出影响有限,不会逆转 OFDI 的产出增长效应,而污染税的征收对制造业部门产出存在负面效应,在一定程度上超过了 OFDI 带来的产出扩大效应,造成制造业产出最终呈现下降趋势,不利于制造业的稳步发展。

(2) 污染物治理成本。

在表 6-8 中显示了 OFDI 和能源环境税组合政策中制造业各部门污染物治理成本的动态变化情况,总体而言,在 OFDI 加速情景和能源税组合情景中(INC + ENE),模拟期内制造业各部门污染物治理成本大部分低于基准情景数值,表明在长期发展中,OFDI 加速情景和能源税组合政策有利于降低制造业部门的污染物治理成本;在 OFDI 加速情景和污染税组合政策情景下(INC + POL),各制造业部门的污染物治理成本下降趋势更为明显,且下降幅度略大于征收污染税时的变化幅度。而 OFDI 衰退情景 + 能源税情景(DEC + ENE)、OFDI 衰退情景 + 污染税情景(DEC + POL)两种组合方案,并不能有效减少制造业部门的污染物治理成本。由此表明,促进 OFDI 的发展并相应征收能源税或污染税是促进制造业部门减少排放、节能发展的有效方式。

第6章 对外直接投资对制造业绿色价值链攀升的 CGE 模拟分析

表6-8　OFDI 和能源环境税组合政策下制造业各部门污染物治理成本动态变化　　单位:%

部门	年份	INC+ENE	DEC+ENE	INC+POL	DEC+POL
食品制造业	2020	-1.62	2.72	-3.61	0.79
	2025	-0.78	1.85	-2.63	-0.23
	2030	-0.92	1.51	-2.35	-0.16
纺织、缝纫及皮革产品制业	2020	-0.5	3.86	-3.82	0.35
	2025	-0.89	4.93	-4.71	0.74
	2030	-0.9	3.68	-3.39	0.32
石油、炼焦及核燃料加工业	2020	-7.09	0.78	-6.02	1.72
	2025	-3.24	1.38	-5.97	0.1
	2030	-1.86	4.99	-4.97	0.18
化学工业	2020	-1.05	1.36	-3.69	-1.52
	2025	-0.56	1.83	-3.91	-1.88
	2030	-0.6	1.3	-3.65	-2.21
非金属矿物制品业	2020	1.75	1.69	0.23	-2.34
	2025	4.45	4.43	-2.29	1.74
	2030	-0.67	8.25	-2.26	3.2
金属产品制造业	2020	2.57	4.81	-2.06	-0.49
	2025	-0.98	8.86	-6.42	2.69
	2030	-1.64	10.3	-5.49	3.94
通信及电子设备制造业	2020	1.26	2.12	-1.47	-0.6
	2025	-0.37	3.28	-2.74	0.57
	2030	-0.42	1.69	-1.8	-0.06
交通及专业设备制造业	2020	1.97	1.76	-0.95	-1.06
	2025	-0.7	4.27	-3.21	1.16
	2030	-0.66	2.69	-2.2	0.52
其他制造业	2020	1.36	2.48	-2.6	-1.45
	2025	-0.82	4.8	-4.55	0.33
	2030	-0.7	3.06	-3.29	-0.38

(3) 绿色行业出口技术复杂度。

OFDI 和能源环境税组合政策对制造业绿色出口技术复杂度的动态模拟结果见表 6-9，根据结果分析，从长期发展角度来看，OFDI 规模增加 10% 的基础上，分别叠加能源税或者污染税，都能够促进 9 个制造业部门的绿色出口技术复杂度的显著增加，且政策冲击的初始阶段提升效用相对较大，后期效果逐渐减弱。由此可见，促进 OFDI 正向增长的同时，采取能源税或者污染税作为强制减排手段，能够有效促进制造业绿色价值链分工地位的攀升。

表 6-9　OFDI 和能源环境税组合政策下制造业绿色出口技术复杂度动态变化　　单位：%

部门	年份	INC + ENE	DEC + ENE	INC + POL	DEC + POL
食品制造业	2020	9.42	-6.39	7.75	-7.57
	2025	11.58	-8.74	8.19	-10.32
	2030	10.06	-5.18	6.91	-8.52
纺织、缝纫及皮革产品制造业	2020	16.57	-13.63	16.21	-13.48
	2025	12.91	-10.62	8.95	-11.88
	2030	10.14	-4.65	7.28	-7.88
石油、炼焦及核燃料加工业	2020	9.48	-3.45	8.3	-6.65
	2025	24.3	-3.62	3.97	-3.01
	2030	9.54	-1.87	8.34	-13.3
化学工业	2020	13.62	-12.59	13.78	-12.4
	2025	15.21	-15.67	11.63	-15.74
	2030	9.83	-8.17	6.18	-10.28
非金属矿物制品业	2020	12.09	-15.19	16.07	-12.1
	2025	14.69	-19.74	15.35	-16.52
	2030	9.83	-12.73	8.64	-10.56
金属产品制造业	2020	14.97	-13.46	15.97	-12.69
	2025	15.12	-14.99	12.17	-14.83
	2030	9.66	-7.63	6.82	-9.24

续表

部门	年份	INC + ENE	DEC + ENE	INC + POL	DEC + POL
通信及电子设备制造业	2020	17.43	-12.94	16.5	-13.41
	2025	12.72	-9.47	9.1	-11.12
	2030	10.77	-4.71	7.94	-8.33
交通及专业设备制造业	2020	13.3	-9.46	12.79	-9.84
	2025	10.69	-7.1	7.61	-8.63
	2030	9.32	-3.29	6.82	-6.72
其他制造业	2020	14.16	-9.98	12.58	-11.12
	2025	12.16	-8.23	8.13	-10.4
	2030	10.5	-4.93	7.28	-8.65

对外直接投资的偏向性
技术进步效应对制造业
绿色价值链攀升的
影响研究
Chapter 7

第7章 促进制造业绿色价值链攀升的对策建议

对外直接投资的偏向性技术进步效应对制造业绿色价值链攀升的影响研究

7.1 研究结论

本书基于计量分析方法与 CGE 模拟分析方法重点研究了 OFDI 的偏向性技术进步效应对制造业绿色价值链攀升的影响，研究结果表明：

(1) 在 OFDI 偏向性技术进步效应的测度与分析中，发现我国制造业技术进步偏向表现为资本增强型与能源增强型共存，资本与能源要素的边际产出增幅要大于劳动要素，这与其他文献测算的技术进步偏向性的结果基本一致。此外，实证结果表明，OFDI 对我国制造业资本偏向性技术进步、劳动偏向性技术进步、能源偏向性技术进步回归系数显著为正，表明 OFDI 对制造业偏向性技术进步存在明显的促进作用。

(2) 在制造业绿色价值链分工地位的测度中，通过测算我国制造业绿色出口技术复杂度，发现 2010~2019 年，制造业行业平均技术复杂度总体处于上升态势，即行业整体呈现由绿色价值链低端向中高端攀升的趋势。

(3) 在 OFDI 对制造业绿色价值链升级的模拟分析中，通过模拟评估了差异化 OFDI 政策与能源环境税政策情景下我国制造业产出、污染物治理及绿色价值链的变化，结果表明，从短期影响来看，在单一政策冲击下，扩大 OFDI 规模能够显著减少部门污染治理成本，有效促进制造业绿色出口技术复杂度的提升，但对制造业产出增长促进作用有限；在组合政策冲击下，扩大 OFDI 规模的同时对煤炭、石油、天然气等生产部门征收能源税，对制造业产出造成的负面冲击最小，并且能降低制造业污染物治理成本并提升制造业绿色价值链分工地位。从长期影响来看，在单一政策模拟中，OFDI 规模增加有利于促进制造业产出的长期增长，显著降低制造业减排成本并提升制造业绿色出口技术复杂度；在组合政策分析中，OFDI 规模扩大并实施能源税或是污染税,均能够促进制造业绿色价值链分工地位的提升,但两种征税手段对制造业产出影响不同,污染税对制造业产出造成的负面冲击相对较大,因此,合理扩大 OFDI 规模并征收能源税,对于促进制造业攀升绿色价值链高位具有重要作用。

7.2 政策建议

7.2.1 基于价值链升级视角制定对外投资策略

逆全球化浪潮加剧国际投资市场的不确定性与风险性,我国企业开展对外直接投资面临全新挑战,亟须增强 OFDI 战略的总体性、稳定性与最优性。为了促进制造业绿色价值链分工地位攀升,必须以更加积极主动的开放战略适应全球经济新形势,持续扩大对外投资规模,增加绿色技术寻求型 OFDI 比例,利用跨国绿色技术势差激发企业绿色创新意识,增强企业绿色技术吸收能力,充分发挥 OFDI 的偏向性技术进步效应对制造业绿色价值链攀升的促进作用。

持续扩大对外投资规模。第一,政府应持续发力,总体上继续加强对 OFDI 的引导支持,了解企业诉求,帮助企业突破投资壁垒,积极为企业营造公平的国际投资环境。一方面积极联合有关政策性银行或商业银行,为技术寻求型 OFDI 企业提供专项投资建设基金、优惠信贷等金融服务,解决企业投资资金短缺问题,增强企业开展 OFDI 的信心;另一方面为企业开展全方位的投资指导与信息服务,谋求与海外咨询企业、国际投资银行等部门的合作及联动,以企业投资发展阶段为依据,建立 OFDI 动态信息库,实现投资主体、投资项目、投资行情的实时更新。第二,适度增加对发达国家的逆梯度投资规模。发达国家在世界高新技术制造业占据领先地位,其国内技术创新要素集聚明显,技术进步往往带有要素偏向性,而面向发达国家的 OFDI

活动所产生的逆向技术溢出效应已成为发展中国家获得国际技术溢出的重要来源。因此，适当扩大对发达国家的制造业投资规模，努力减少投资壁垒，积极融入全球创新生产网络，充分发挥 OFDI 逆向技术溢出对制造业绿色价值链升级的正向作用，推动 OFDI 的技术反馈与制造业企业的技术吸收形成良性闭环，提升制造业绿色创新能力，推动制造业整体向绿色价值链上游攀升。第三，企业是行业的基本单位，也是开展对外投资的主体，在投资过程中，应审慎开展 OFDI 活动，认真进行前期调研，增强风险规避意识，促进投资活动"入乡随俗"。调研是必备工作，采取多样化形式调研了解投资目的国的经济形式、政策导向、法律制度、金融规则及风土人情等情况，从而全面评估投资活动的可行性、风险性以及收益性等，因地制宜地制订投资策略，降低投资活动的风险性，避免摩擦冲突，提高 OFDI 的成功概率，从而实现投资规模的稳步扩张。

7.2.2 深化制造业国际产能合作，加强风险防范

国际产能合作是一国嵌入全球价值链体系的重要形式，是推动一国产业结构升级与经济发展的重要途径，在 OFDI 呈现良好态势下，推动制造业积极深化国际产能合作，在全球范围内寻求资源的最有效配置，降低资源消耗，改善要素使用效率，促进节能减排，是促进制造业绿色价值链攀升的有效举措。

首先，充分发挥政府在国际产能合作中的中介作用。一是依托经济策略等对话机制与亚投行、丝路基金等金融机构功能，深入分析推进制造业国际产能合作的行业对接需求与实现途径，增强数据信息调查研究、咨询服务与追踪指引功能，通过双（多）边地区性贸易投资谈判、信息匹配、激励协调等举措协助解决企业在国际产能合作中遇到的问题，促进企业着眼"一带一路"等重要产能合作区域发展布局。二是政府落实对制造业国际产能合作的监管与审查职责。针对

企业在产能合作中发生的破坏生态环境、制假侵权、商业贿赂等违规违法行为"零容忍",加大惩罚力度,以高代价的违规成本与惩罚措施倒逼企业树立合规经营的理念,合法开展国际合作;加强政府对企业国际产能合作活动的管理政策引导,提供有针对性的合作咨询服务,建立投资风险预先预警机制,保障企业法定权利,杜绝恶意竞争,敦促企业开展合作中始终依法履行义务并承担社会责任。

其次,企业开展国际产能合作,应注重运用差异化合作策略与防范合作风险。一方面,依据承接国需求,有针对性地推行差异化国际产能合作手段。总体而言,企业开展国际产能合作的目标市场主要有两类:发达国家与发展中国家。加大对发达国家的投资并购活动,从过去重土地、机器设备、产品的资产类并购转向重知识产权、品牌、研发、销售的资本技术类并购,以海外投资设厂、合资运营、公司合营等方式扩展合作,进一步实现投资并购、对外产能转化、制造业产业变革的有机结合;充分利用发展中国家低廉的劳动力资源与物质资源,考虑发展中国家的发展意愿,同时注重对其国内品牌、销售网络的利用,根据具体情况确定产能合作范围与项目,实现本国富余产能的有序转化;最终形成以国内市场为枢纽,联结发展中国家与发达国家的产供销体系,发挥制造业产业链的优势。另一方面,注重防范化解合作风险。在深入国际市场进行产能合作过程中,企业一切均应以全球管理与商业根本准则为基本原则,在深入调研的基础上充分发挥主动性,积极寻求商机的同时也应具备风险防范意识,以 BOT 等多类合作模式与东道国市场接轨,做好风险评估与防范,实现企业产业链转移,更好地实现要素充分利用,汲取东道国技术等优势资源为母国企业所用,进而推动企业内部要素集约利用、技术水平提升、环境污染减少,朝着绿色化价值链方向发展。

7.2.3 持续提升企业自主研发创新能力

多年来积极融入国际生产网络,我国已经积累了丰富的资本、技术等基础要素,在一定程度上成为支撑我国企业走出国门、积极开拓发达国家与发展中国家 OFDI 市场的必要条件,然而总体而言,当前我国研发基础薄弱、技术人才相对短缺、改革创新环境仍需完善等发展短板制约,使我国自主研发创新与综合应用水平依然滞后于美欧等发达国家,无法满足当下经济社会与生态环境协同发展的内在需要,也严格制约了制造业转型升级的方向与速度。为突破困局,实现绿色发展,我国制造业作为一国基础产业,十分有必要建立健全并完善以科技研制为核心的改革创新体制。一方面以提高自主创新能力为前提,持续增加研发资金投入,加强高科技专业人才队伍建设;另一方面以充分利用国际技术溢出为补充手段,增强对目标国价值链的嵌入能力和国际技术溢出的吸收能力,在两方面的共同作用下,同步完善知识产权保护制度,不断增强制造业企业自主创新能力,提升绿色技术创新水平,推动制造业行业整体转型升级进程,促进制造业绿色价值链的高位攀升。

  首先,应在现有基础上进一步提升制造业企业的自主创新能力。一是要增加研发资金投入。政府应发挥作用,从资金供应端下功夫。针对制造业开展 OFDI 的重点企业,以转移支付、补贴、税收减免或抵扣等形式全方位予以资金支持,为企业资金开源。激发制造业民营企业的创新意识,增强其开展国际投资的信心,建立制造业 OFDI 企业共享研究机构,加强行业内的合作,集中研发资金资源,鼓励企业踊跃进行技术创新活动,共享自主研发成果,节省企业开支,缩短研发周期,提高技术创新效率,分担创新风险,最大限度地释放研发创新活力,促进行业内规模效应的形成。此外,要逐步改善创新体制,优化企业创新环境,为企业创新提供"硬件"支持。加快高层次生产加工性第三产业的投资建设,推进企业与专业机构知识产权经营综合管理、研发综合服务、创新成果鉴定等制度建设,做好研发项目的落地性评估、风险预估、风险预案等准备工作,合理控制研发投入,及时规避风险以尽可能地减少损失。二是要加强高科技专业人才队伍建设。在人才培养方面,重点培养一大批熟悉全球投资运营策略、熟知目标国投资法律体系、掌握高新技术的专业人才团队,创新人才培养模式,为行业开展跨国投资提供人才保障。在人才激励方面,制订公平高效的选人用人制度安排,包括人员任用、选拔、轮岗、淘汰等具体规定,从制度层面"做文章";完善对东道国子公司工作人员的激励体制,改革束缚专业人才发展的陈旧规定,充分利用东道国的人才资源,通过持股运营等方式提高东道国员工的工作积极性,多渠道搭建与东道国研发中心的交流平台,广泛开展技术型人才的沟通与合作。

其次,充分发挥国际技术外溢的推动作用。第一,增强对东道国价值链的嵌入能力。多渠道了解掌握有关东道国经济、法律、文化等方面的投资讯息,加强与投资地区政府的联系,进而全面熟悉当地的投资经营政策和面向国外企业投资的优惠政策;强化与金融中介机构的合作,拓展融资途径,增加融资机会,为企业海外经营与研发提供资金支持;积极与东道国高校等科研院所进行交流合作,利用东道国的技术优势,获取前沿技术;深化与目的国行业协会团体的联系,及时了解行业发展动向,实现市场、客户等资源的共享,促进互联互通、互利共赢;从企业层面来说,加强与目标国上下游企业的合作和联系,扩大当地科研技术人员与管理人员雇佣比例,打通进入市场渠道,了解市场前沿信息,增强员工的认同感,提高企业研发与管理能力,快速嵌入当地产业链条,促进技术外溢与知识传播,发挥 OFDI 的逆向技术溢出效应。第二,增强制造业国内企业的技术吸收能力,OFDI 的技术进步效应还受到母国吸收能力的限制。制造业企业应增强辨别与捕获海外先进技术等知识资源的能力,把握发展机遇,主动吸收外界先进技术与管理经验等,摒弃简单地照搬与仿造,通过合理吸收、分解、整合与利用,内化为企业自身技术进步的动力,促进企业技术创新能力的提高。

7.2.4 发挥财政引导作用推动制造业绿色转型

OFDI 作为资源配置与技术溢出的重要方式之一,在推动母国制造业进行绿色创新方面也发挥着重要作用。通过财政引导作用促进制造业绿色转型，首先可以通过补贴等形式充分发挥政府的统筹引导作用，激励制造业企业提质增效，促进绿色发展；其次通过税收等强制手段倒逼制造业企业减少资源消耗，减少环境污染，从源头推动制造业的绿色转型。

首先，通过绿色研发专项资金、绿色研发动态补贴等资金支持方式鼓励制造业的绿色发展。一是将资源税等绿色税收适当比例划分为绿色研发专项资金，为企业绿色创新补充资金，鼓励企业以提高资源利用效率与减少生态环境污染为目标，集中资金、技术人员等优势资源突破绿色技术创新难题，扭转产业增长过度依赖能源的不可持续发展模式，塑造自身的绿色竞争优势，利用高新技术带动行业全方位绿色发展。二是试行绿色研发动态补贴。第一，应根据制造业行业所在地区的经济发展、能源消耗、资源利用与环境状况等，统筹设计补贴范围；第二，为了充分发挥绿色研发补贴作用以增强企业研发、追求绿色发展的目的，应科学确定补贴标准，科学评估补贴实行时间、补贴标准与补贴管理方式等；第三，合理划分绿色研发补贴的管理部门，专款专用，从产业发展以及污染治理等方面及时科学评估补贴的实际效果，并做出适时调整与规范。

其次，通过能源环境税等强硬手段倒逼制造业转变发展方式，实现绿色发展。本书研究发现，能源环境税的征收虽然会对制造业产出造成一定负面冲击，但在降低制造业污染治理成本、提升制造业绿色价值链分工地位方面有着明显的促进作用，因此，在充分利用 OFDI 的偏向性技术进步效应基础上，可以通过征收能源环境税来作为促进制造业绿色转型发展的辅助政策。一是能源环境税的征收范围，坚持"污染者付费"原则，兼顾效率与公平，不能片面追求环境效益而对产业发展造成严重冲击。二是税率的制定，考虑到制造业投入中能源比重偏高，税率过高势必会过度阻碍制造业的发展，因此必须根据不同行业的环境污染程度，做到适度征收、差异化征收与动态调整。三是应坚持政府税收中性的原则，征税的同时应实现税收返还等配套政策的并行，从而将对制造业行业增长与经济社会发展的负面影响控制在最小范围。

7.2.5 构建对外直接投资的多层次保障体系

目前，"逆全球化"暗流涌动，全球制造业产业链供应链面临重构，全球投资安全风险加大，国际投资市场面临的不确定性进一步增加，成为新时期内我国开展 OFDI 活动的挑战。面临这一现实背景，转变发展思路，舍弃现有对外投资管理中不适配规定，完善我国 OFDI 的顶层设计，完成政策重心由逐层审批到有效引导、适度监管的转变，在财政、金融政策等方面给予企业应对全新挑战的必要支持，建立服务到位、监督管理有效的对外直接投资多层次保障系统。

首先，健全 OFDI 服务体系。一是借鉴国外经验，建立"OFDI 综合服务系统"，系统管理对外投资活动，提供专业化服务，促进境外投资项目的实行。在信息搜集方面，系统梳理东道国与投资相关的政治经济信息，从而整体把握对外投资的宏观环境，筛选与我国制造业投资规划相契合的目标国，向有关企业公布相关的投资程序、投资法律法规等基础信息，减少企业进行市场搜寻的机会成本，适度引导与监督制造业企业的对外投资活动，为国内企业与东道国政府或企业牵线搭桥，减少沟通壁垒，避免恶性竞争，降低投资风险。二是强化技术援助与信息咨询服务。成立专业化的技术信息综合服务队伍，及时发掘并整理涉外投资的统计数据分析，为企业海外投资提供技术帮助，提升企业决策的科学性；协助制造业了解和掌握跨国投融资管理体制与相应的审核流程，提供全面性的海外投资咨询服务，帮助企业制订与评估投资规划；政府应适时为企业寻求资金供应方与东道国合作商，探索实现国际资本有效配置的全新形式，依托出版物、网络等中介向公司公布招商引资信息，建立系统的对外投资企业数据库，加强海外金融企业、引资企业等与国内投融资企业的高效交流互动,促进企业物质资源共享,优化制造业企业 OFDI 决策,进一步充分发挥其绿色价值链升级效应。

其次,推进并完善监督管理保障体系建设,防范经济风险,推动行业平稳转型。一是将所有类型企业的对外投资活动纳入监督范围,特别加大对违规逃汇或其他违背东道国投资法律的不正当投资行为的监督与惩处力度,促使制造业企业合规进行投资,通过偏向性技术进步效应这一中介渠道,推动国内行业绿色价值链的升级;二是组织权威专家与专业人员进行风险管理评估,对世界投资市场的政治风险等数据信息综合整理评估,对制造业企业定期开展风险防控课程培训,强化企业的风险防范意识,建立完备的风险预警机制,从而有效应对投资过程中潜在风险与技术壁垒,避免投资损失,切实利用目标国的技术资源来推动国内制造业技术进步,实现节能减排,促进产业绿色升级。

参考文献

[1] 陈谷平. 绿色价值链对农业产业可持续发展的作用机理及对策研究——以温氏集团畜禽绿色化养殖项目为例 [J]. 江西农业学报, 2020, 32 (08): 131-137.

[2] 王雪薇. 绿色价值链下的钢铁企业成本控制研究 [J]. 中小企业管理与科技 (上旬刊), 2021, (07): 12-13.

[3] 刘尧飞, 沈杰. 双循环格局下的供应链价值链绿色化转型研究 [J]. 青海社会科学, 2020, (06): 47-53.

[4] 沈静, 曹媛媛. 全球价值链绿色化的概念性认知及其研究框架 [J]. 地理科学进展, 2019, 38 (10): 1462-1472.

[5] 严洁, 章晓颖, 叶禾子, 等. 传统制造型企业绿色价值链的风险识别与防范研究 [J]. 商场现代化, 2018, (21): 146-148.

[6] 胡竟男. 基于绿色价值链的企业财务评价体系构建 [J]. 财会通讯, 2018, (17): 79-85.

[7] 孙宝连, 闫秀霞. 企业实施全面绿色管理的绿色价值与生态文明效应 [J]. 经营与管理, 2018, (09): 33-36.

[8] 何键. 绿色价值链视角的企业评价研究 [J]. 现代经济信息, 2016, (03): 110-111.

[9] 李波波. 流通企业绿色价值链的模型构建与实施策略 [J]. 商业经济研究, 2019, (12): 108-110.

[10] 胡昭玲, 宋佳. 基于出口价格的中国国际分工地位研究 [J]. 国际贸易问题, 2013, (03): 15-25.

[11] MICHAELY. Trade, Income levels and dependence [M]. Amsterdam: North – Holland Press, 1984.

[12] HAUSMAN R, HWANG J, RODRIK D. What you export matters [J]. Journal of Economic Growth, 2007, 12.

[13] 魏如青, 张铭心, 郑乐凯, 等. 生产分割、知识产权保护与出口技术复杂度——基于生产阶段分割的研究视角 [J]. 统计研究, 2021, 38 (04): 103 – 115.

[14] 高运胜, 朱佳纯, 代蕊. 全球价值链嵌入与制造企业加成率 [J]. 贵州财经大学学报, 2021, (04): 33 – 43.

[15] 李凤, 王迪, 苏洋, 等. 贸易自由化与制造业全球价值链攀升 [J]. 新疆财经大学学报, 2021, (02): 20 – 29.

[16] 卢仁祥. 增加值贸易视角下中国工业制造业出口复杂度的国际比较及其演进的动力机制 [J]. 现代财经（天津财经大学学报）, 2020, 40 (05): 85 – 98.

[17] 屠年松, 薛丹青. 贸易自由化与中国制造业的全球价值链攀升——基于中国 30 个省份面板数据的实证研究 [J]. 经济经纬, 2019, 36 (06): 70 – 77.

[18] DAVID, HUMMELS, AND, et al. The nature and growth of vertical specialization in world trade [J]. Journal of International Economics, 2001.

[19] DAUDIN G, RIFFLART C, SCHWEISGUTH D. Who Produces for Whom in the World Economy? (Qui Produit Pour Qui Dans L'conomie Mondiale?) [J]. Social Science Electronic Publishing, 2011, 44 (4): 1403 – 1437.

[20] JOHNSON R C, NOGUERA G. Accounting for intermediates: Production sharing and trade in value added [J]. Journal of International Economics, 2012, 86 (2): 224 – 236.

[21] KOOPMAN R, ZHI W, WEI S J. Tracing Value – Added and

Double Counting in Gross Exports [J]. CEPR Discussion Papers, 2012.

[22] 王直, 魏尚进, 祝坤福. 总贸易核算法: 官方贸易统计与全球价值链的度量 [J]. 中国社会科学, 2015, (09): 108-127, 205-206.

[23] 郑乐凯, 汪亚楠, 李世林, 等. 金融结构、技术进步与全球价值链分工地位提升 [J]. 国际金融研究, 2021, (07): 36-45.

[24] 金钰莹, 叶广宇, 彭说龙. 中国制造业与服务业全球价值链分工地位 GVC 指数测算 [J]. 统计与决策, 2020, 36 (18): 95-98.

[25] 关乾伟, 孙禄, 王浩. 经济政策不确定性对制造业参与 GVC 的影响研究——基于互联网的调节作用 [J]. 经济问题探索, 2021, (07): 88-100.

[26] 郭然, 原毅军, 张涌鑫. 互联网发展、技术创新与制造业国际竞争力——基于跨国数据的经验分析 [J]. 经济问题探索, 2021, (01): 171-180.

[27] 葛海燕, 张少军, 丁晓强. 中国的全球价值链分工地位及驱动因素——融合经济地位与技术地位的综合测度 [J]. 国际贸易问题, 2021, (09): 122-137.

[28] 郑淑芳, 谢会强, 刘冬冬. 经济政策不确定性对中国制造业价值链嵌入的影响研究 [J]. 国际贸易问题, 2020, (04): 69-85.

[29] 丁玉龙. 绿色经济效率的内涵、测算及影响因素: 一个文献综述 [J]. 湖北经济学院学报 (人文社会科学版), 2021, 18 (06): 42-45.

[30] 张学成, 陈能敏, 梁亚民. 中国区域绿色生产效率研究——基于三阶段 Undesirable-SBM 与空间杜宾模型 [J]. 兰州财经大学学报, 2020, 36 (06): 72-80.

[31] 张泽义, 罗雪华. 中国城市绿色发展效率测度 [J]. 城市问题, 2019, (02): 12-20.

[32] 朱广印, 王思敏. 绿色生产发展效率测度及时空演变分析

[J]. 金融与经济, 2020, (09): 68-77.

[33] 徐盈之, 顾沛. 制造业价值链攀升带来了绿色经济效率提升吗?[J]. 江苏社会科学, 2019, (04): 93-106, 258-259.

[34] 小岛清, 周宝廉. 对外贸易论[M]. 对外贸易论, 1987.

[35] T. WELLS. L. The internationalization of Firms from Developing Countries[M]. 1977.

[36] LALL S, WILEY. The New Multinationals: The Spread of Third World Enterprises[J]. New Multinationals Spanish Firms in A Global Context, 1983.

[37] JOHN CANTWELL P E E T. Technological accumulation and Third World multinationals[M]. 1990.

[38] 吴先明, 黄春桃. 中国企业对外直接投资的动因: 逆向投资与顺向投资的比较研究[J]. 中国工业经济, 2016, (01): 99-113.

[39] 尹美群, 盛磊, 吴博. "一带一路"东道国要素禀赋、制度环境对中国对外经贸合作方式及区位选择的影响[J]. 世界经济研究, 2019, (01): 81-92, 136-137.

[40] 邵宇佳, 刘文革, 陈红. 制度距离、投资动机与企业OFDI区位选择——中国对外直接投资"制度风险偏好"的一种解释[J]. 西部论坛, 2020, 30 (02): 95-108.

[41] 陈春, 彭慧. 中美贸易摩擦加剧会影响我国对外直接投资吗?——基于投资动机视角[J]. 武汉金融, 2021, (03): 21-28.

[42] AZZIMONTI M. Does partisan conflict deter FDI inflows to the US?[J]. Journal of International Economics, 2019, 120 (C).

[43] 杨连星, 刘晓光. 中国OFDI逆向技术溢出与出口技术复杂度提升[J]. 财贸经济, 2016, (06): 97-112.

[44] 文雯, 陈胤默, 张晓亮, 等. CEO股权激励能促进企业对外直接投资吗——基于企业异质性视角[J]. 国际商务(对外经济贸易大学学报), 2020, (05): 125-140.

[45] 葛璐澜, 程小庆, 金洪飞. 中国对外直接投资的区位选择——基于东道国特征的视角 [J]. 浙江学刊, 2020, (04): 91-99.

[46] 孙朋军, 于鹏. 文化距离对中国企业落实"一带一路"投资战略的影响 [J]. 中国流通经济, 2016, 30 (02): 83-90.

[47] 王金波. 制度距离、文化差异与中国企业对外直接投资的区位选择 [J]. 亚太经济, 2018, (06): 83-90, 148.

[48] 林季红, 刘莹. 制度、文化与中国的"一带一路"投资区位——基于面板门槛模型的检验 [J]. 厦门大学学报（哲学社会科学版）, 2020, (03): 92-102.

[49] 孙乾坤, 包歌, 郑玮. 企业异质性与对外直接投资区位选择——基于生产率和所有权视角的研究 [J]. 财贸研究, 2021, 32 (08): 9-26.

[50] 汪建新, 李娉, 杨晨. 美国经济政策不确定性与中企OFDI区位选择 [J]. 国际商务研究, 2021, 42 (05): 44-56.

[51] KOGUTB C S J. Technological Capabilities and Japanese Foreign Direct Investment in the United States [J]. Review of Economics and Statistics, 1991, (73): 401-413.

[52] 毛其淋, 许家云. 中国企业对外直接投资是否促进了企业创新 [J]. 世界经济, 2014, 37 (08): 98-125.

[53] 周经, 黄凯. OFDI逆向技术溢出提升了区域创新能力吗？——基于空间杜宾模型的实证研究 [J]. 世界经济与政治论坛, 2020, (02): 108-130.

[54] HERZER, DIERK. The Long-Run Relationship between Outward Foreign Direct Investment and Total Factor Productivity: Evidence for Developing Countries [J]. The Journal of Development Studies, 2011, 47 (5): 767-785.

[55] 赵刚. 对外直接投资的逆向技术溢出及其吸收能力门槛效应——基于中国省际数据的实证检验 [J]. 未来与发展, 2019, 43

(01): 56-66.

[56] 霍忻. 中国 TSFDI 逆向技术溢出对国内技术水平提升影响程度研究——基于溢出机制和影响因素的视角 [J]. 世界经济研究, 2017, (07): 54-63, 136.

[57] 陈浦秋杭, 邓晶, 陈清华. 对外直接投资是否存在逆向技术溢出效应? [J]. 世界经济与政治论坛, 2020, (06): 158-166.

[58] 李平, 史亚茹. 进口贸易、生产率与企业创新 [J]. 国际贸易问题, 2020, (03): 131-146.

[59] 张建, 李占风. 对外直接投资促进了中国绿色全要素生产率增长吗——基于动态系统 GMM 估计和门槛模型的实证检验 [J]. 国际贸易问题, 2020, (07): 159-174.

[60] 李群峰. OFDI 逆向技术溢出的最佳技术差距区间研究——基于面板门槛模型方法 [J]. 科技管理研究, 2015, 35 (17): 202-205.

[61] 陶爱萍, 盛蔚. 技术势差、OFDI 逆向技术溢出与中国制造业高端化 [J]. 国际商务 (对外经济贸易大学学报), 2018, (03): 85-98.

[62] 李静, 谢润德. 国外技术溢出冲击、区域贸易差距与经济可持续增长 [J]. 科学学研究, 2015, 33 (02): 205-214.

[63] 陈晓林, 陈培如. 知识产权保护与对外直接投资逆向技术溢出——基于南北产品周期模型的分析 [J]. 国际贸易问题, 2021, (11): 157-174.

[64] 韩科振. 自主创新与技术溢出对我国绿色技术进步的影响研究——基于面板门限模型的实证分析 [J]. 价格理论与实践, 2020, (07): 149-153.

[65] 蒋冠宏. 我国企业跨国并购与行业内逆向技术溢出 [J]. 世界经济研究, 2017, (01): 60-69, 136.

[66] 荣枢, 杨明晖, 曾晶, 等. 政府扶持政策促进了中国 OFDI

逆向技术溢出吗——基于门槛效应分析[J]. 宏观经济研究, 2020, (11): 86-101.

[67] 王杨. 中国对外直接投资的逆向溢出和吸收能力研究[J]. 宏观经济研究, 2016, (04): 97-105.

[68] 苏汝劼, 李玲. 制造业对外直接投资的逆向技术溢出效应——基于技术差距的影响分析[J]. 宏观经济研究, 2021, (07): 66-78, 126.

[69] 曾杰. 对外直接投资与技术创新的门槛效应[J]. 技术经济与管理研究, 2021, (08): 3-8.

[70] 邓明. 技术进步偏向与中国地区经济波动[J]. 经济科学, 2015, (01): 5-17.

[71] 董直庆, 焦翠红, 王林辉. 技术进步偏向性跨国传递效应：模型演绎与经验证据[J]. 中国工业经济, 2016, (10): 74-91.

[72] 郑猛, 杨先明, 李波. 有偏技术进步、要素替代与中国制造业成本——基于30个行业面板数据的研究[J]. 当代财经, 2015, (02): 85-96.

[73] 尹今格, 雷钦礼. 国内研发、对外开放与偏向性技术进步——以我国工业行业为例[J]. 当代经济科学, 2015, 37 (02): 77-88, 127.

[74] GINO, GANCIA, AND, et al. Technological Change and the Wealth of Nations [J]. Annual Review of Economics, 2009, 193-120.

[75] 沈春苗, 郑江淮. 中国企业"走出去"获得发达国家"核心技术"了吗？——基于技能偏向性技术进步视角的分析[J]. 金融研究, 2019, (01): 111-127.

[76] 钟世川. 开放条件下中国制造业技术进步偏向与就业增长研究[J]. 经济经纬, 2018, 35 (02): 71-77.

[77] 李平, 郭娟娟. 外商直接投资、资本偏向型技术进步与劳动收入份额[J]. 中国科技论坛, 2017, (06): 137-144.

[78] 李小平, 牛晓迪. 中国区域偏向型技术进步趋势及其影响因素研究 [J]. 武汉大学学报（哲学社会科学版）, 2019, 72 (05): 148-160.

[79] 王林辉, 江雪萍, 杨博. 异质性 FDI 技术溢出和技术进步偏向性跨国传递: 来自中美的经验证据 [J]. 华东师范大学学报（哲学社会科学版）, 2019, 51 (02): 136-151.

[80] 戴天仕, 徐现祥. 中国的技术进步方向 [J]. 世界经济, 2010, 33 (11): 54-70.

[81] 蔺鹏, 孟娜娜. 有偏技术进步、要素配置扭曲与中国工业经济高质量发展——基于技术一致性视角 [J]. 上海经济研究, 2021, (08): 72-91.

[82] VALENTINA DE MARCHI E D M, STEFANO PONTE. The Greening of Global Value Chains: Insights from the Furniture Industry [J]. Competition & Change 2013, 4.

[83] 朱建峰, 郁培丽, 石俊国. 绿色技术创新、环境绩效、经济绩效与政府奖惩关系研究——基于集成供应链视角 [J]. 预测, 2015, 34 (05): 61-66.

[84] 张峰, 宋晓娜. 提高环境规制能促进高端制造业"绿色蜕变"吗——来自绿色全要素生产率的证据解释 [J]. 科技进步与对策, 2019, 36 (21): 53-61.

[85] 侯建, 白婉婷, 陈建成. 创新活力对区域绿色发展转型的门槛机理研究: 人力资本视角 [J]. 科技管理研究, 2021, 41 (15): 207-214.

[86] 肖皓, 叶家柏, 晏聪. 全球价值链视角下的中国制造业绿色出口竞争力的变化 [J]. 环境经济研究, 2018, 3 (02): 101-117.

[87] 许晖, 王琳, 杨坤. 基于利益相关者的企业绿色价值链重构——以卡博特（天津）为例 [J]. 管理案例研究与评论, 2015, 8 (01): 33-44.

[88] 张翔. 低碳经济环境下出版企业绿色价值链重构研究 [J]. 企业经济, 2015, (02): 66-70.

[89] PING L, LIU Z, ZHANG Y. Do Chinese domestic firms benefit from FDI inflow?: Evidence of horizontal and vertical spillovers [J]. China Economic Review, 2009, 20 (4): 677-691.

[90] 李敦瑞. 国内外产业转移对我国产业迈向全球价值链中高端的影响及对策 [J]. 经济纵横, 2018, (01): 123-128.

[91] 林冰, 蒲阿丽. 技术创新对中国制造业全球价值链攀升的影响 [J]. 山东理工大学学报 (社会科学版), 2021, 37 (02): 14-20.

[92] 宋培, 陈喆, 宋典. 绿色技术创新能否推动中国制造业GVC攀升?——基于WIOD数据的实证检验 [J]. 财经论丛, 2021, (05): 3-13.

[93] 杨连星, 牟彦丞. 跨国并购如何影响制造业全球价值链升级? [J]. 国际商务研究, 2021, 42 (05): 82-98.

[94] 李玉梅, 王园园, 胡可可. 外商投资撤资回流的趋向与对策 [J]. 国际贸易, 2020, (06): 63-71.

[95] 吕越, 李美玉. 贸易便利化与全球价值链嵌入 [J]. 北京工商大学学报 (社会科学版), 2020, 35 (05): 46-57.

[96] 毕茜, 李虹媛, 于连超. 高管环保经历嵌入对企业绿色转型的影响与作用机制 [J]. 广东财经大学学报, 2019, 34 (05): 4-21.

[97] GHISETTI C, RENNINGS K. Environmental innovations and profitability: How does it pay to be green? An empirical analysis on the German innovation survey [J]. Journal of Cleaner Production, 2014, 75 (JUL.15): 106-117.

[98] 孙晓华, 秦川. 基于共生理论的产业链纵向关系治理模式——美国、欧洲和日本汽车产业的比较及借鉴 [J]. 经济学家, 2012, (03): 95-102.

[99] 岳鸿飞, 徐颖, 吴璘. 技术创新方式选择与中国工业绿色

转型的实证分析 [J]. 中国人口·资源与环境, 2017, 27 (12): 196-206.

[100] 张莉. 环境规制、绿色技术创新与制造业转型升级路径 [J]. 税务与经济, 2020, (01): 51-55.

[101] 原毅军, 陈喆. 环境规制、绿色技术创新与中国制造业转型升级 [J]. 科学学研究, 2019, 37 (10): 1902-1911.

[102] FERNANDES A, PAUNOV C. Foreign direct investment in services and manufacturing productivity: Evidence for Chile [J]. 2012.

[103] 李金凯, 程立燕, 张同斌. 外商直接投资是否具有"污染光环"效应？ [J]. 中国人口·资源与环境, 2017, 27 (10): 74-83.

[104] 赖永剑, 贺祥民. 前端环境治理、异质FDI溢出与本土企业出口绿色技术复杂度——基于倾向得分匹配倍差法的检验 [J]. 国际商务（对外经济贸易大学学报）, 2021, (06): 137-153.

[105] 谢宜章, 邹丹, 唐辛宜. 不同类型环境规制、FDI与中国工业绿色发展——基于动态空间面板模型的实证检验 [J]. 财经理论与实践, 2021, 42 (04): 138-145.

[106] 徐晓慧, 廖涵. 环境规制、FDI与制造业产业结构升级——基于长江经济带面板数据的实证检验 [J]. 湖北社会科学, 2021, (07): 68-74.

[107] 王晓红, 冯严超, 胡士磊. FDI、OFDI与中国绿色全要素生产率——基于空间计量模型的分析 [J]. 中国管理科学, 1-12.

[108] 张诚, 赵刚. 对外直接投资与中国制造业升级 [J]. 经济与管理研究, 2018, 39 (06): 52-65.

[109] AUTOR D H. The task approach to labor markets [J]. Journal for Labour Market Research, 2013, 46 (3): 185-199.

[110] 赵志军. 我国高技术企业技术创新与金融体制创新 [D]. 中南大学, 2004.

[111] 万攀兵, 杨冕, 陈林. 环境技术标准何以影响中国制造

业绿色转型——基于技术改造的视角[J]. 中国工业经济, 2021, (09): 118-136.

[112] 陈惠鹏. 环境税收优惠、创新要素流动与制造业企业绿色转型[J]. 财会通讯, 2021, (22): 60-63.

[113] 田巍, 余淼杰. 汇率变化、贸易服务与中国企业对外直接投资[J]. 世界经济, 2017, 40 (11): 23-46.

[114] 聂世坤, 叶泽樱. 双边关系、制度环境与中国对"一带一路"国家OFDI的出口创造效应[J]. 国际经贸探索, 2021, 37 (02): 67-82.

[115] 余思勤, 孙司琦. 贸易开放度与经济高质量发展的互动效应——基于中国与"海上丝绸之路"沿线国家的实证研究[J]. 河南师范大学学报(哲学社会科学版), 2020, 47 (01): 71-78.

[116] COZZA C, RABELLOTTI R, SANFILIPPO M. The impact of outward FDI on the performance of Chinese multinationals [J]. China Economic Review, 2015, 3642-3657.

[117] 戴翔, 徐柳, 张为付. "走出去"如何影响中国制造业攀升全球价值链?[J]. 西安交通大学学报(社会科学版), 2018, 38 (02): 11-20.

[118] 余海燕, 沈桂龙. 对外直接投资对全球价值链位置的影响分析[J]. 亚太经济, 2020, (05): 96-104.

[119] 迟歌. 中国对外直接投资对全球价值链升级的影响研究——基于灰色关联理论的实证分析[J]. 工业技术经济, 2018, 37 (05): 88-96.

[120] 刘源丹, 刘洪钟. 中国对外直接投资如何重构全球价值链: 基于二元边际的实证研究[J]. 国际经贸探索, 2021, 37 (11): 20-36.

[121] 龚新蜀, 李梦洁, 张洪振. OFDI是否提升了中国的工业绿色创新效率——基于集聚经济效应的实证研究[J]. 国际贸易问

题,2017,(11):127-137.

[122] 李国祥,张伟,王亚君. 对外直接投资、环境规制与国内绿色技术创新[J]. 科技管理研究,2016,36(13):227-231.

[123] 李夏玲,殷凤,王志华. 对外直接投资对母国全要素生产率的影响[J]. 统计与决策,2020,36(07):113-117.

[124] 杨世迪,刘亚军. 中国对外直接投资逆向绿色创新价值链外溢效应研究[J]. 大连理工大学学报(社会科学版),2020,41(06):57-66.

[125] 贾军,魏洁云,王悦. 环境规制对中国OFDI的绿色技术创新影响差异分析——基于异质性东道国视角[J]. 研究与发展管理,2017,29(06):81-90.

[126] 卜伟,易倩. OFDI对我国产业升级的影响研究[J]. 宏观经济研究,2015,(10):54-61.

[127] 杨翔,李小平,钟春平. 中国工业偏向性技术进步的演变趋势及影响因素研究[J]. 数量经济技术经济研究,2019,36(04):101-119.

[128] 陈烨,张欣,寇恩惠,等. 增值税转型对就业负面影响的CGE模拟分析[J]. 经济研究,2010,45(09):29-42.

[129] 李元龙. 能源环境政策的增长、就业和减排效应:基于CGE模型的研究[D]. 浙江大学,2011.

[130] 朱维娜. 建筑物化碳排放与技术进步关联方法及机理研究[D]. 清华大学,2020.

[131] 李振洋,白雪洁. 产业政策如何促进制造业绿色全要素生产率提升?——基于鼓励型政策和限制型政策协同的视角[J]. 产业经济研究,2020,(06):28-42.

[132] ACEMOGLU, DARON. Technical Change, Inequality, and the Labor Market [J]. Journal of Economic Literature, 2002.

[133] 潘文卿,吴天颖,胡晓. 中国技术进步方向的空间扩散

效应 [J]. 中国工业经济, 2017, (04): 17-33.

[134] 殷宝庆, 颜青, 刘洋. 绿色技术溢出对"一带一路"沿线国家与地区在全球价值链攀升的影响 [J]. 对外经贸, 2021, (04): 51-56.

[135] 韩亚峰, 冯雅倩. OFDI 逆向技术溢出对制造业价值链升级的影响——基于 G20 国家面板数据的研究 [J]. 国际商务 (对外经济贸易大学学报), 2018, (06): 75-85.

[136] 李强, 郑江淮. 基于产品内分工的我国制造业价值链攀升: 理论假设与实证分析 [J]. 财贸经济, 2013, (09): 95-102.

[137] 张兴平, 朱锦晨, 徐岸柳, 等. 基于 CGE 碳税政策对北京社会经济系统的影响分析 [J]. 生态学报, 2015, 35 (20): 6798-6805.

[138] 娄峰. 中国产出缺口测度、比较及稳健性分析 [J]. 当代财经, 2015, (11): 14-24.

[139] 范金, 严斌剑, 梁洁. 不同所有制工业企业全要素生产率的动态比较研究——以南京为例 [J]. 南京社会科学, 2008, (01): 113-121.

[140] BURNIAUX J M, TRUONG T. GTAP-E: An Energy-Environmental Version of the GTAP Model [J]. GTAP Technical Papers, 2002.

[141] 马士国. 征收硫税对中国二氧化硫排放和能源消费的影响 [J]. 中国工业经济, 2008, (02): 20-30.

[142] 贺菊煌, 沈可挺, 徐嵩龄. 碳税与二氧化碳减排的 CGE 模型 [J]. 数量经济技术经济研究, 2002, (10): 39-47.

[143] 魏巍贤, 马喜立, 李鹏, 等. 技术进步和税收在区域大气污染治理中的作用 [J]. 中国人口·资源与环境, 2016, 26 (05): 1-11.

[144] KLUMP R, MCADAM P, WILLMAN A. The long-term successes of the neoclassical growth model [J]. Oxf Rev Econ Policy, 2007.

[145] 钱娟, 李金叶. 中国工业能源节约偏向型技术进步判别

及其节能减排效应[J].经济问题探索,2018,(08):148-159.

[146] 周彩虹.中国工业行业技术进步偏向的适宜性对能源强度的影响研究[D];哈尔滨工程大学,2020.

[147] 张军.新时期我国税收征管体制研究[D].华中师范大学,2000.

[148] 陈诗一.边际减排成本与中国环境税改革[J].中国社会科学,2011,(03):85-100,222.

[149] 王班班,齐绍洲.有偏技术进步、要素替代与中国工业能源强度[J].经济研究,2014,49(02):115-127.

[150] 卞富艺.对外直接投资对我国收入差距的影响[D].上海外国语大学,2020.

[151] 聂飞,刘海云.对外直接投资、技术选择与企业生产效率[J].当代财经,2017,(04):99-108.

[152] 杨丽丽,盛斌,吕秀梅.OFDI的母国产业效应:产业升级抑或产业"空心化"——基于我国制造业行业面板数据的经验研究[J].华东经济管理,2018,32(07):93-101.

[153] ANTONELLI C, SCELLATO G. Firms size and directed technological change [J]. Small Business Economics, 2015.

[154] 余官胜,李会粉.对外直接投资对劳动生产率提升的影响:短期与长期效应[J].国际商务(对外经济贸易大学学报),2013,(06):92-101.

[155] 丁一兵,付林.东道国特征与中国对外直接投资的逆向技术溢出——基于投资动机视角的分析[J].南京师大学报(社会科学版),2016,(05):46-58.

[156] 叶红雨,韩东,王圣浩.中国OFDI逆向技术溢出效应影响因素的分位数回归研究——基于东道国特征视角[J].经济与管理评论,2017,33(05):112-120.

[157] A J H, B J H S, C M Y. Asymptotic properties of the Hahn-

Hausman test for weak – instruments [J]. Economics Letters, 2005, 89 (3): 333 -342.

[158] 沈晓艳, 王广洪, 黄贤金. 1997—2013 年中国绿色 GDP 核算及时空格局研究 [J]. 自然资源学报, 2017, 32 (10): 1639 -1650.

[159] LICHTENBERG F R V P D L P B. Does Foreign Direct Investment Transfer Technology Across Borders? [J]. TheReviewof Economics and Statistics, 2001, (5): 859 -887.

[160] 尹斯斯, 高云舒. OFDI、市场竞争强度与国际贸易 [J]. 国际贸易问题, 2016, (05): 153 -163.

[161] 王丽, 韩玉军. 中国 OFDI 逆向技术溢出对出口技术复杂度的影响研究 [J]. 现代经济探讨, 2018, (02): 53 -61.

[162] 李霞. 中国对外投资的环境风险综述与对策建议 [J]. 中国人口·资源与环境, 2015, 25 (07): 62 -67.

[163] 白俊红, 刘宇英. 对外直接投资能否改善中国的资源错配 [J]. 中国工业经济, 2018, (01): 60 -78.

[164] 王文, 孙早, 牛泽东. 产业政策、市场竞争与资源错配 [J]. 经济学家, 2014, (09): 22 -32.

[165] 陈霞, 肖岚. Logistic 模型的改进与中国人口预测 [J]. 成都信息工程大学学报, 2020, 35 (02): 239 -243.

[166] 乔文怡, 李玏, 管卫华, 等. 2016—2050 年中国城镇化水平预测 [J]. 经济地理, 2018, 38 (02): 51 -58.

[167] 胡应得, 杨增旭, 程志光. 能源税对我国生物质能产业发展的激励效用研究 [J]. 经济论坛, 2011, (09): 111 -115.

[168] 牛欢, 严成樑. 环境税收、资源配置与经济高质量发展 [J]. 世界经济, 2021, 44 (09): 28 -50.

[169] 何小钢, 王自力. 能源偏向型技术进步与绿色增长转型——基于中国 33 个行业的实证考察 [J]. 中国工业经济, 2015, (02): 50 -62.

[170] 聂名华, 齐昊. 对外直接投资能否提升中国工业绿色创新效率?: 基于创新价值链与空间关联的视角 [J]. 世界经济研究, 2019, (02): 111–122.

[171] 罗军, 冯章伟. 制造业对外直接投资与全球价值链分工地位升级 [J]. 中国科技论坛, 2018, (08): 76–82, 91.